LIVING
by the
MOON

LIVING
by the
MOON

TE MARAMATAKA A TE
WHĀNAU-Ā-APANUI

WIREMU TĀWHAI
(Te Whānau-ā-Apanui)

HUIA

First published in 2013 by Huia Publishers
39 Pipitea Street, PO Box 12–280
Wellington, Aotearoa New Zealand
www.huia.co.nz

Reprinted in 2015, 2017, 2018, 2019, 2020, 2022, 2023

ISBN 978-1-77550-124-4

Cover image: Steve Byland/Shutterstock Images LLC

National Library of New Zealand Cataloguing-in-Publication Data
Tāwhai, Wiremu.
Living by the moon = Te maramataka a Te Whānau-ā-Apanui /
Wiremu Tāwhai.
ISBN 978-1-77550-124-4
1. Te Whānau a Apanui (New Zealand people)—Social life and
customs. 2. Human beings—Effect of the moon on. 3. Moon—
Phases. 4. Traditional farming—New Zealand. [1. Maramataka.
reo. 2. Tikanga-ā-iwi. reo. 3. Ahu whenua. reo. 4. Marama. reo.]
I. Title. II. Title: Maramataka a Te Whānau-ā-Apanui.
529.3208999442—dc 23

We gratefully acknowledge Ngā Pae o Te Māramatanga for its provision of a Publications Support Grant,
which assisted in the publication of this work.

NGĀ PAE O TE
MĀRAMATANGA

NGĀ IHIRANGI:
TABLE OF CONTENTS

FOREWORD

One of my most treasured memories is sitting with Wiremu Tāwhai's grandfather on the front steps of the Tāwhai homestead, bush-covered hills at our backs, looking across the green fields, white sands and blue, blue seas of Omaio Bay to White Island smoking on the horizon. This was the landscape, these were the people that Wiremu Tāwhai drew sustenance from all his life, the base from which he explored the world, the community to which he always came home. Here, in his last work, he shares the insights of a lifetime spent exploring the maramataka of his people, Te Whānau-ā-Apanui.

This book is a landmark publication in both Māori and general New Zealand studies.

To begin with, it is a work of exemplary scholarship. Drawing together his own learning under the tutelage of his elders, Wiremu Tāwhai checked, amplified and evaluated familiar knowledge in discussion with iwi members from many hapū and generations. The evidence he thus assembles establishes the maramataka as a rich and complex repository of knowledge and action plans, built up over a long time span in an ongoing relationship between the people of Te Whānau-ā-Apanui and their tribal territory in the eastern Bay of Plenty. While it shares its general features and world-view with other maramataka, the maramataka of Te Whānau-ā-Apanui is highly specific in content and application. For that very reason this study enhances understanding of maramataka in general.

Instead of generalisations, Wiremu Tāwhai enlivens his text with fascinating first-hand accounts of the ways in which generations of elders taught young people about the maramataka and its implications: by direct and indirect teaching, by engaging them in practical tasks (of measurement, for example) and leaving them scope to make mistakes. As teachers, they could be stern and forbidding during periods of risk and danger, yet relaxed and jocular, not above teasing, at others.

By demystifying the application and transmission of maramataka knowledge, Wiremu Tāwhai demolishes the idea that this or any other inherited knowledge was accepted, without question, as fixed and timeless. Instead, he shows how the experts continually tested, adjusted and added to it. As well as identifying certain lunar phases as risky and uncertain, they recognised and coped with changes, both natural and man-made, in the environment.

In the process of exposition, Wiremu Tāwhai reveals how deeply the maramataka was embedded in the social and cultural life of the people. It provided direction for the conduct of marine- and land-based economic activities, but it also identified periods that were well spent in relaxation, contemplation and creativity.

The light that this work sheds on the production, application and transmission of maramataka knowledge is highly relevant to the ongoing debate about 'Māori science'. Wiremu Tāwhai provides details of the experts' use of scientific methodology from observation and the making of connections to the testing and revision of hypotheses to prediction as a basis for action. At the same time, he emphasises that this use was grounded in an all-encompassing world-view pervaded by a sense of awe. Maramataka knowledge both sustains and gives expression to deeply held metaphysical beliefs and a rich tradition of oratory and storytelling.

In presenting his findings in Māori and English in parallel columns and matching paragraphs, Wiremu Tāwhai demonstrates both his own gifts as a word-weaver on the pattern of his tūpuna and the rewards of knowing and bridging two cultural worlds. The two language texts can be read and enjoyed separately. The Māori text makes effective use of the rich vocabulary and imagery of the master orators of the past, including their economy of expression. The English text casts a wide net, drawing in words and phrases from the flowery Victorian English of Ngata and the elders of Wiremu's youth, the poetry and drama that he loved and the occasional apt colloquialism. If his choices sometimes surprise, a little thought will reveal hidden links – and a sly sense of humour. But to privilege one language or the other is to miss a key message of this work. The rewards are greatest when the texts are read side by side, paragraph by paragraph. Taken together, they complement and illuminate each other.

E te rangatira Wiremu,
He mihi aroha tēnei mō tōu takoha ki ngā iwi whānui puta noa.
Haere, haere atu ki a rātou te huihuinga kahurangi.

Joan Metge

HE KUPU WHAKAMIHI

This thesis was a long, long labour of love and obstinacy, not merely an academic exercise. The love was Bill's love of his kaumātua, and the realisation that it was so important to record the knowledge he had learned from them as a child. The obstinacy was that it *must* be written in both Māori and English side by side on the page, for reasons Bill explains in his own introduction. Everybody involved knows how long it took and how many supporters he had: so many colleagues from Te Whare Wānanga o Awanuiārangi going back many years; many friends; many family members: all helped with discussions, masters-degree wānanga, advice and – because Bill wrote everything in longhand and in pencil – typing.

But he always particularly acknowledged how lucky he was that many of his siblings were alive when he began writing this thesis, with whom he could discuss the past: Koro Rangipoua Tāwhai (1930–2011), of whom he writes; Puhata (Cida) Tāwhai (1935–2009), whose remarkable memory he admired and called upon; Te Hei Pimm (b.1931); Mereaira (Ida) Tāwhai (b.1934), whose fine memory has also been invaluable for dates; his supportive younger brother Apakura (Aubrey) Tāwhai (1942–2010) and Huriana Stanley (b.1943). He also told me he wanted to thank his old friend Dr Dame Joan Metge for original discussions about what a thesis entailed; Dr Mere Roberts, Dr Catherine Edmonds and Verbena Te Ranga for ongoing support and advice; and Dr Sheryl Ferguson for typing a large part of the first draft. Tangaroa and Vikki Demant have been generous supporters. And only Tamarangi Harawira and Nadene Edmonds know what they went through to collate the thesis in the form Bill so wanted!

Bill worked on his master's degree under the tenure of a number of CEOs and acting CEOs at Te Whare Wānanga o Awanuiārangi, all of whom encouraged his work in different ways. Over two years after Bill's death, and just before this book was published, I came across some further pencilled notes about his thesis that included, among other things, a message for Professor Graham Smith, the present CEO: *whakaaraara tonu i te huarahi hai whāinga, mō te kipakipa haere i roto i te wā.* Professor Smith and his predecessors gave this ongoing spur to Bill.

Without the long and patient support of Te Whare Wānanga o Awanuiārangi, this thesis would not have been written. Without the support of Ngā Pae o te Māramatanga at Auckland University and its director Professor Charles Royal, it would not have been possible for Huia Publishers to produce it as a book which was Bill's great wish. The copyright of the information in this book will rest now with the people of Te Whānau-ā-Rutaia, from whom it came.

Bill travelled a lot with his thesis under his arm: wherever he went he took his Māori world with him. He wrote chunks of the thesis not only at Awanuiārangi but in London and France; he was working on the final Māori translation in a converted convent in Amalfi, Italy, in August 2010. He was correcting the final proofs in Waikato Hospital, where he was undergoing radiation treatment for cancer, ten days before he died on 2 December 2010.

Barbara Ewing Tāwhai

TE WAIRUA O TE TUHINGAROA

ABSTRACT

Ko Te Wiremu Karuwhā Tāwhai ahau. Ko taku pāpā a Hiri Te Werapaura, me tana matua a Timutimu me ōna koroua a Teito rāua ko Tāpōrena nō Te Whānau-ā-Rutaia, hapū o Te Whānau-ā-Apanui. Ko taku tipuna wahine a Merehuka Merito, te hoa rangatira o Timutimu nō te hapū o Ngāti Pūkeko o Ngāti Awa. Ko Ngāmane Amoamo tōku māmā nō Ngāti Rua, hapū o Ōmarūmutu o Te Whakatōhea. E whitu tekau mā whitu ōku tau.

Ko te whainga i roto i te tuhingaroa nei he whakakao mai i ngā mātauranga, i ngā kōrero, i ngā mōhiotanga e pā ana ki Te Maramataka a Te Whānau-ā-Apanui. He whakakaupapa, he tuhi i ēnei maunga-ringa o te ao mātauranga o ōku pakeke. Aua mātauranga i tukuna ā-waha, ā-ringa mai e rātau ki ahau ki a mātau o tōku whakatipuranga i roto i ngā ono tekau tau e noho ana mātau i ō rātau taha.

E tika ana rā me whakakao, me tuhi ngā mātauranga ō rātau o ngā whakatipuranga kua pahemo; kai ngaro. Ngā mātauranga i kōrerotia, i whakaatungia, i whakamahia

I am Wiremu Karuwhā Tāwhai. My father, Hiri Te Werapaura, his father Timutimu, and his two uncles Teito and Tāpōrena are from the sub-tribe of Rutaia of Te Whānau-ā-Apanui. My grandmother Merehuka Merito, the wife of Timutimu, comes from the tribal area of Ngāti Pūkeko of Ngāti Awa. My mother Ngāmane Amoamo is of the Ngāti Rua Ōmarūmutu sub-tribe of Te Whakatōhea. I am seventy-seven years old.

The intention of this thesis is to gather together the knowledge, the remembered discussions, the understanding and the everyday experiences which pertain to the lunar month of Te Whānau-ā-Apanui; to arrange these in a coherent way; and to write down and record this knowledge and wisdom from the world of my ancestors. This knowledge and wisdom was given to me and others of my generation by our elders, both orally and practically, during the sixty odd years we lived with them. Writing their knowledge down here will ensure that it will not be lost. The information recorded here was created,

e rātau, ā, i waiho ki roto i ngā ngākau, i ngā hinengaro, i ngā ringaringa o ā rātau tamariki mokopuna. O mātau tīpuna, o mātau mātua, mai i a rātau ki a mātau.

Nā te mea i tukuna ā-waha, ā-ringa mai e ia whakatipuranga ki ia whakatipuranga, e kore pea e kitea ētahi o ēnei kōrero i roto i ngā tuhinga mō te kaupapa nei, kua oti i ētahi atu te rangahau, te tuhi. Ka tuhia ake i konei hai tāpiri, hai tautoko, i ngā tuhinga kua tutuki ā ērā atu kaituhi.

Nō te mea i tukuna ā-waha ā-ringa mai ēnei mātauranga, kua mārama tonu i te tīmatanga kai roto i te hinengaro, i ngā mahara e pupuri ana te nuinga o ngā kōrero nei. He tohunga ō mātau tīpuna mātua ki te hiki i tēnei mea i te maumahara ki ōna taumata. Ka whakaurua mai e rātau te pūrākau, te pakiwaitara, te whakatangata; he waiata, he whakatauākī, he mahi ā-ringa hai whakapūmau i te maumahara. Kai roto i te tuhingaroa nei e whakaatu ana ēnei tikanga whakapūmau maumahara.

Ka ata tirohia i konei ngā wāhi katoa a te maramataka e ai ki tā Te Whānau-ā-Apanui kite. Ka whakahokia mai ngā kōrero tawhito o neherā, o te orokohanga, o ngā atua o mua, ngā tohu whenua o te iwi hai waihanga i te tino whakaahua o te maramataka.

Ka whai haerengia hoki te ara kōrero o te maramataka nei mai i ngā wā o mua, ki

identified, discussed, demonstrated and then bequeathed by our grandparents and parents to the minds and hearts and hands of us, their children and grandchildren.

Because this knowledge is tribal and was transferred from generation to generation orally and practically, it is likely that some of it is not included in other literature on the lunar month (*te maramataka*) which has been researched and written down by others. This information is written here to add to, and in support of, what is already in the maramataka literature of Aotearoa.

Because of the high oral content of this knowledge base, it is immediately evident that a heavy reliance is placed on remembering. Our grandparents and parents developed this facility to a very high degree, using ancient mythology, stories, personalities from history, old songs, proverbs and practical demonstrations – all to encourage and foster the retention of the experience. These memory devices will be used throughout this dissertation to show their role in remembering and memorising.

Aspects of the Te Whānau-ā-Apanui version of the lunar month will be carefully examined. The stories of the gods of ancient times, the chronicles of the creation period and the landmarks of the tribal area will be recalled to complete this picture.

This thesis will also, as well as tracing the past history of the subject, discuss the

nāianei, me te whakaaro ka ahu pēhea rā
i roto i ngā tau kai te haere mai. Ko tēnei
tētahi pātai tino nui mō te kaupapa nei
me te maha noa atu hoki o ērā kaupapa
mōhiotanga a te ao Māori.

Koianei ngā pātai hai rapu whakautu
mā tātau. He aha rā ngā tohutohu a
ngā mātauranga o ngā pakeke mō te
whakapūmau i tō tātau taiao, i tō tātau ao
whanui anō hoki, hai kāinga pūmau mō
ngā whakatipuranga kāre anō kia whānau.

present situation, and may well lead us to
ask what may happen to the maramataka
knowledge in the future. It is important to
ask this question, not only of maramataka
but of many other areas of indigenous
knowledge and Māori wisdom.

These questions and answers will
determine what happens to the traditional
understanding of the environment we live
in. And we need to have this knowledge
to enable us to examine what we can do
to sustain a healthy environment for the
enjoyment of the generations to come.

HE KUPU WHAKATAKI

INTRODUCTION

He nui ngā mātauranga tawhito, e ai o te ao Māori, i tukuna ā-waha mai, ērā e ngaro, ki te kore e tuhia. Kai roto tonu i ngā hinengaro o ngā pakeke e pāinaina rā i roto i te rā, e noho rā i runga i ō rātau paepae kōrero o ō rātau marae, kai roto hoki i a rātau kōrerorero noa ki a rātau anō. Ko te māharahara nui ināianei ko te torutoru haere o aua pakeke, ko te ngarongaro haere o ngā wā hai noho ki te kōrero ki a rātau. Anō hoki, nō te mea kai te tino mahi nui ngā whakatipuranga o ēnei rā ki te kimi oranga i roto i tō rātau nei ake ao, e uaua ana ki a rātau ki te kimi wā, ki te āro atu rānei ki te noho ki te kōrero ki ngā toenga pakeke nei.

Engari e mihi nui ana ki ngā tuhinga a ngā kaituhi o tauiwi o mua, pērā i a Elsdon

Much traditional knowledge, especially indigenous people's knowledge, which was based largely on an oral tradition, will be lost if it is not documented. Still, much of it is not written down. It is – and was – stored in the minds of old people. Such knowledge would be reflected upon by them as they sat by themselves in the sun, on the *paepae* of the *marae* and in their private conversations and discussions. The disquieting thought, however, is that those people are becoming fewer and fewer, and opportunities to sit and listen to them are becoming much rarer. Today's generations too are often so busy coping with the hectic pace of change that is happening in their present world that they have not the time, or the luxury, and sometimes not the inclination, to seek out the few remaining elders and talk with and listen to them.

The extensive work of ethnographers like Best,[1] Grey[2], Cowan[3] and Tregear[4] and others

---

[1] Best, E. (1922) *The Astronomical Knowledge of the Maori, Genuine and Empirical;* (1924) *The Maori as he was;* (1925) *Maori Agriculture;* (1929) *Forest Lore of the Maori and Fishing Methods and Devices of the Maori.*

[2] Grey, G. (1854) *Legends of Aotearoa and Nga Mahi a nga Tipuna;* (1855) *Polynesian Mythology and Ancient Traditional History of the New Zealand Race.*

[3] Cowan, J. (1910) *The Maoris of New Zealand;* (1925) *Fairy Folktales of the Maori;* (1930) *The Maori Yesterday and Today.*

[4] Tregear, E. (1891) *The Maori Polynesian Comperative Dictionary;* (1891) *Fairy Tales and Folk-Lore of New Zealand and The South Seas;* (1904) *The Maori Race.*

Best, George Grey, James Cowan, Edward Tregear me ētahi atu. Anei ētahi o ā rātau tuhinga i raro nei. Rātau i tuhi i tā rātau i kite ai i ērā wā, ā, i kōrerotia atu e ngā tīpuna ki a rātau. Mehemea kāre rātau, nui noa atu o ngā mātauranga nei, kua ngaro kē. Ko te whakaaro ake, nā rātau i āta whakatakoto ngā pātai ki ngā tīpuna kia riro mai ai ngā kōrero e hiahia ana rātau. Me te mōhio, ko ētahi wāhi noa o ngā kōrero nei i tukuna mai, i whakakotitingia, i hunaia ētahi wāhi o ngā kōrero hōhonu o ā rātau kōrero tapu. I kite au i tēnei āhua i a au i mātakitaki ai, i whakarongo ai ki ōku mātua anō, e patapataingia ana mō ngā tikanga o tō rāua ao Māori e ngā tohunga tikanga tangata o ngā whare wānanga i ngā tau ono tekau. Ahakoa anō, te kaha o ngā kaituhi kōrero o ērā wā, kāre tonu i riro mai, i oti katoa i a rātau te tuhi i ngā mātauranga, ngā mōhiotanga, ngā whakatinanatanga kai roto i ngā kōrero tapu a ngā iwi e pupuri ana. Nui rawa atu ngā kōrero tawhito kai roto tonu i te ao kōrero ā-waha e noho ana.

He rerekē te kohikohinga o ēnei mōhiotanga o ēnei mātauranga e tēnei kaituhi i konei. Tuatahi, nō Te Whānau-ā-Apanui ahau, ā, i roto i ngā mahara o tēnā, o tēnā o ngā whānau o ngā matua tīpuna, o ngā pakeke o ērā whakatipuranga o te iwi ēnei mea e noho ana. Kai te tino mahara tōku whakatipuranga ki ngā mea nei, i kōrerotia mai ki a mātau i a mātau e tipu ake ana. I kite ō mātau whatu i ā rātau mahi, i rongo ō mātau taringa, i nanao ō mātau ringaringa ki te mahi i aua mahi. Ko ngā mātauranga

who wrote down what they observed and what people told them is acknowledged with respect. Much more knowledge would have been lost if they had not done so. However, it is likely that they often guided the information they received by asking specific or leading questions, to which informants sometimes gave half answers, or were devious in sharing their deep sacred knowledge. I am aware of this happening from my own experience of watching and listening to my parents being interviewed about some topical issue in anthropology in the 1960s. Despite the effort by ethnographers, not all the knowledge, the information and the practical application of it as held in the traditional tribal histories has been captured in print. And still much more remains in the domain of oral testimony and historical recitals.

The information and knowledge presented here has been gained by this writer in a very different way. First, I am of this tribe: what is recorded here existed in the memories of individuals, of family members, of elders, and the people of my parents' and grandparents' generation. Second, my own generation clearly remember things that were told to us when we were young: things which we also saw with our eyes, heard with our ears and did with our hands. This knowledge is placed here with remembered

kai roto i tēnei tuhingaroa, ko ērā i whakarērea mai e rātau ki a mātau. Nō rātau ēnei maharatanga, nā rātau ēnei akoranga. Ka tuhia ake i runga i te aroha, i te pono ki a rātau. Ko ngā mātauranga ka tuhia ake ki konei, ko ngā mea i tarea e au te āta tango mai i ngā mahara o rātau i tino mōhio ahau. Kua huri ki tua o te ārai te nuinga, ā, kai te huri tonu ahakoa i ahau e tuhi nei.

Ka waiho ake ki konei nō te mea he mātauranga tangata whenua. Ā, mā rātau e manako mai ana ki ēnei mea, e nanao hai mōhiotanga mō rātau, hai whakamahi, hai whakanui, hai tuku ki a rātau kāre anō kia whānau mai.

coherence, and with sincerity towards them who gave it. The information in this thesis is what I know and remember of what they taught and what they did, and what I was able to glean from the memories of the people I personally knew. Many have passed on now and others are indeed passing away even as I write this.

It is recorded here because it is a *tangata whenua* knowledge base, for those who care to know, to use, to celebrate and to keep.

TE WHĀNAU-Ā-APANUI

Ko te rohe o te iwi e toro atu ana mai i Hāwai ki Pōtaka i te pito rāwhiti o Mataatua. Ko ngā taukāhiwi matua tonu o Te Raukumara me ngā tihi maunga, a Whanokao, Ngā Māhanga, Te Ranganui a Toi, a Rangipoua me ērā atu kai te karapoti mai i te rohe o te iwi mai i te taha tonga. Ko Whakaari me Te Moana a Toi kai waho rā e tiaki mai ana i te taha raki. Kua nōhia e Te Whānau-ā-Apanui ēnei whenua mō te waru rau tau makere atu, ā, ko ōna whakapapa tāhū i heke mai i a Horouta, Te Arawa me Mataatua.

I ahu mai te oranga nui o te iwi mō ngā tini rau tau i noho ai rātau ki konei, nō ngā ngahere me ngā awa o Te Raukumara, nō te moana me ngā whenua mōmona o te takutai. Nā

TE WHĀNAU-Ā-APANUI

The tribe occupies the coastlands between Hāwai and Pōtaka at the eastern end of the Mataatua region. The tribal lands are bounded by the foothills of the Raukumara divide and dominated by the historical mountain peaks, Whanokao, Rangipoua, Ngā Māhanga, Te Ranganui a Toi and many others. Te Moana a Toi and Whakaari prevail over the seaward view. The people have lived here for over 800 years, and genealogical lines link Te Whānau-ā-Apanui and its thirteen sub-tribes directly to Horouta, Te Arawa and Mataatua.

The Raukumara forests, the rivers, the sea and the lands of the fertile coastal strip have sustained the people of the tribe with rich resources for the centuries they have

runga i te noho tata, i te piripono ki tō rātau taiao, ka tino whiwhi wā ngā tohunga taiao o te iwi ki te āta wetewete i ngā āhuatanga katoa o taua ao i roto i ngā tau maha, ki te wānanga, ki te waihanga, ki te whakatakoto i ngā mātauranga e ora pūmau ai rātau i konei. Ko te kaupapa o tēnei rangahau ko te maramataka a Te Whānau-ā-Apanui. Tētahi wāhi noa tēnei o ngā mōhiotanga o te iwi ki tōna rohe. Ka tirohia anō hoki i roto i ngā tuhinga nei ngā whānaungatanga i waenganui i ngā mātauranga tawhito o te tangata whenua me ngā whakatau a ngā ture a tauiwi ki runga i ēnei momo mātauranga.

Anei te whakarārangi ō ngā pō o te maramataka e ai ki ngā mātauranga tawhito o ngā pakeke o Te Whānau-ā-Apanui; ki tō rātau mātau ki ēnei mea i kite nei rātau i tō rātau wā i roto i tō rātau ake rohe. He mātauranga i tukuna ā-waha ki a rātau e ō rātau tīpuna, ā, mai i a rātau ki a mātau.

Nui atu o tō mātau whakatipuranga o ngā tau 1930 ki 1980, i nohotahi me ō mātau pakeke, ki te whakarongo ki ā rātau kōrero, ki ā rātau whakamārama, ā, i mōhio, i kite hoki i te whakatinanatanga o ō rātau mōhiotanga. I haere mātau i te taha i a rātau, i nanao, i mahi i ngā mahi e hāngai ana ki ngā tohutohu me ngā whakatau a te maramataka nei. Nō aua tau tino maha o te whakarongo, o te mātakitaki, o te toro atu i ngā ringaringa ki te mahi i ngā mahi, i mau tūturu ai ēnei mātauranga ki roto i a mātau. E kore rawa e warewaretia.

lived here. Close and intimate dependence on the environment has provided their scientists with centuries of opportunities to diligently study, examine and evolve specific bodies of knowledge to ensure their survival here. This research is about the lunar month of Te Whānau-ā-Apanui, one aspect of the people's total knowledge base of their territory. This thesis also attempts to reconcile the realities of indigenous knowledge with the requirements of western academic priorities.

Set out here is the arrangement of the nights of the maramataka, the lunar month, according to the ancient knowledge of Te Whānau-ā-Apanui together with the elders' understanding of it, and as they saw it in their time and in their region. It is based on traditional knowledge orally handed down to them by their forebears, and from them to us.

Many of our generation of the 1930s to the 1980s sat with the elders, listened to their narratives, heard their explanations and saw and understood the reality of their knowledge. We went with them and carried out the appropriate work according to the dictates and guidelines of their knowledge of their lunar month. The years and years of listening, watching, reaching out for the hands-on experience ensured that this knowledge became part of our own lives, never to be forgotten.

I kō atu i ēnei wheako ō mātau, i rongo hoki i ā rātau whakamāori, whakawhānui atu i ngā pūtaketanga mai o ngā mātauranga nei. I ērā wā o ngā tau toru tekau, whā tekau, kua matara haere te tikanga tawhito e tohu rā kia noho urutapu ēnei taonga ki roto i ngā ringaringa o ngā tohunga anake. I nohotahi tō mātau whakatipuranga i te taha o aua tohunga whakamutunga o te iwi. I tuku mai ai i tā rātau i āta kite ai mō te maramataka ki a mātau. Me ērā noa atu hoki i a rātau ētahi wāhi ahakoa iti o te maramataka nei e pupuri ana, e whakamahi ana.

Ko tōku pāpā, ko Hiri Tāwhai (1909). He pāmu miraka kau tāna me tana karangarua a Te Keepa Ngāmoki (1909). (He tangata miraka kau anō hoki, ētahi o aua tāngata i tino ngākaunui ki te kohikohi ki te wetewete i ngā mātauranga i roto i te maramataka nei e pupuri ana.) Noho ai rāua i waho i ngā pō ki te titiro ki te kōrero mō te āhua o te marama, mō tōna mārama, me tōna tītaha; ērā mea. Haere ai rāua ki te ākau i ngā wā e tika ana ki te titiro ki ngā tai whakakī o ngā ahiahi, ki te marama e noho ana i runga i ngā maunga, ki te rā hoki e whakatō ana i runga o te pae. Werohia ai e rāua he tāwhaowhao ki roto i ngā kirikiri o te takutai, i ētahi wā, he pou maitai, hai tohu i te kīnga o te tai. Ka hoki ki te kāinga. Ka hoki anō i te ahiahi pō o muri atu, o muri atu, ki te titiro ki ngā hua o ā rāua mahi whakamātautau. Nā ēnei me ērā atu mahi, ka hōhonu, ka pakari tō rāua mōhio ki tā rāua kaupapa. Karangahia ai e rāua he wānanga mō rātau e hiahia ana ki te haramai kia whakatakotoria e rāua ngā

In addition to this experience were their interpretations and their extensions of this knowledge base. In the 1930s and 40s and prior to those times the traditional convention which kept this knowledge pure in the hands of a select few was beginning to disconnect. We lived with the last of this select few who passed on their considered views of the tribe's maramataka to us. We also lived with a host of others who had a general working knowledge of their lunar month.

My father, Hiri Tāwhai (born 1909, dairy farmer), and his cousin, Te Keepa Ngāmoki (born 1909, dairy farmer), took great pride in gathering, holding and analysing this lunar information. They would sit outside at nights and discuss the shape, brightness and angle of the moon. They went to the foreshore at the appropriate times to watch the filling evening tides, the rising moon and the setting sun. They dutifully put up driftwood posts in the sand and sometimes even used crowbars to show the high tide water mark; went home; then returned the next evening, and the next, to read the results of their experiments, thus deepening and reinforcing the knowledge base of their subject. They would hold regular *wānanga* with interested ones, to share new views and reshape old insights. These two gentlemen represented, to our generation, people who had acquired much traditional knowledge, who had analysed it, reworked and developed it, and applied it to the lives

mea i kite rāua, ki te kōrero hoki me pēhea te whakahāngai i ngā tirohanga tawhito ki tō rātau nei ao. Ko rāua, ā, ko rātau katoa anō hoki, i kite tō mātau whakatipuranga e kohikohi ana i ēnei mātauranga, e wetewete ana, e kārawarawa ana, e whakakao anō ana, hai whakamahi mā te hapori. I ētahi wā, ka neke atu rāua ki te aruaru, ki te kimi i te wairuatanga o ēnei mātauranga. I noho rāua hai pokapū mō tō mātau ao o te maramataka.

I tipu ake mātau i roto i a rāua awhiawhi. I tukuna ngawari noatia e rāua ō rāua mōhiotanga ki te hunga e hiahia ana. Ko tō rāua whakaaro, whakapono hoki tēnei i ērā wā, nō te mea kua mārama kē ngā tohu ki a rāua, kai te huri haere ā rāua tamariki mokopuna ki ētahi atu momo mōhiotanga. E ai ki a rāua, ā, ki a rātau o ērā wā, kua tīmata noa atu te whakawātea haere ake i ngā mātauranga tawhito nei, nō te mea kua kore kē e hāngai ki te ao o nāianei. Ā, ka tuhia ake ngā rerenga maha o te kaupapa nei, hai whakamaumahara ki a rātau kua kite kē i te huri o te aotūroa me te haramai o te ao hou. Kua whakaōwhiti kē, ahakoa i ērā tau, ērā e māwhe, e ngaro ngā mātauranga o ngā tīpuna, i tukuna ā-waha mai.

Ko ngā pakeke e kōrerotia nei i roto i ēnei tuhinga nō mātau anō. Ko ō mātau māmā, pāpā; ō mātau tipuna koroua, kuia; ō mātau matua kēkē. Rātau i taki whānaunau i te mutunga o te tekau mā iwa o ngā rautau i te tīmatanga hoki o te rua tekau o ngā rautau. Ōku mātua kēkē me ō rātau rā whānau anō,

of the community. As well, they shared it with those who wanted to delve into the philosophical base of such knowledge. My father and his cousin remained at that time the centre of our lunar world.

We grew up in the embrace of such people. They gave this knowledge freely to those who wanted to have it. This was their attitude, their belief in those years of the 1930s, 1940s, 1950s, 1960s and 1970s. They were already recognising the signs indicating that their children and grandchildren were beginning to turn to other forms of knowledge; were beginning to discard as irrelevant to their world this inheritance of oral knowledge. The knowledge base recorded here is in recognition of their realisation that changes were going to come to the world of their children anyway, and that their ancient knowing may well disappear.

The elders referred to in these writings were our own people. Our mothers, our fathers, our grandfathers and grandmothers, our aunts and uncles: that fraternity who were all born around the end of the nineteenth century and the beginning of the twentieth. In my own parents' generation, the birthdates

anei; a Hiri Tāwhai (1909), a Ngāmane Amoamo (1904), Tāwhai Tāwhai (1904), me taku kuia a Te Rangiora (1905). Anā, ka whai ake ko te maha, maha noa atu o te whānau whānui nei, o ērā wā. Anei, e whai ake nei ētahi o rātau. I a rātau ētahi o ngā mātauranga nei, ā, i tukuna i ngā wā e hiahiatia ana. I a rātau hoki tēnei maramara, tērā maramara i hoatu ki tōku pāpā me tōna karangarua, kia āhei ai rāua ki te hanga i te whakaahua nui, kia kite ai te katoa. Anei ētahi o rātau; Tai Rīwai Miringaorangi, Ngāra Wharepapa; Haki me Rena Savage; Tāmati me Te Ao Butler; Kapohau me Te Rina Parekura; Pita Parekura; Whiowhio rāua ko Rosie Wharepapa; Patuwahine rāua ko Manu Albert; Rongoa rāua ko Ira Peters; Mārama rāua ko Mānia Peters; Ngārimu Peters; Sene Peters; Tūrei Peters; Tāwhai rāua ko Tangiwai Tāwhai; Wiremu rāua ko Pua Butler; Pēke rāua ko Ngāreta August; Hōri rāua ko Te Harihari Gage; Moke rāua ko Tīmoti Tipiwai; Taare Parekura; Chappie rāua ko Hārata Morice; Nohowai Titirangi; Ngaru Titirangi; Rere rāua ko Pera Parekura; Ngāwaea Wharepapa; Te Amokura rāua ko Ripeka Albert; Te Huatahi rāua ko Tīria Campbell; Taha rāua ko Mass Campbell; Pita rāua ko Donnie Ngāmoki; Nehe rāua ko Te Uruorangi Houia; Tama rāua ko Mākere Gage; Kōtuku rāua ko Tira Albert; Roach rāua ko Norma Albert; Te Keepa rāua ko Riripeti Ngāmoki; Te Rangituatata rāua ko Te Raita Ngāmoki; Pitapera rāua ko Te Ataarangi Wikaire; Pani rāua ko Hūhana Richmond. Koianei ētahi o taua whānau whānui i rongo mātau e kōrerorero

were 1909 (Hiri Tāwhai), 1904 (Ngāmane Amoamo Tāwhai), 1904 (Uncle Tāwhai), and 1905 (Aunt Rangiora). Then there was the huge number of the extended *whānau* of that generation, some of whose names follow. They were people who held some of the knowledge, and shared it around as the need arose: people who shared their fragments of learning with my father and his cousin, to thereby enable them to construct a bigger picture for all to understand and appreciate. They were: Tai Rīwai Miringaorangi; Ngāra Wharepapa; Haki and Rena Savage; Tāmati and Te Ao Butler; Kapohau and Te Rina Parekura; Pita Parekura; Whiowhio and Rosie Wharepapa; Patuwahine and Manu Albert; Rongoa and Ira Peters; Mārama and Mānia Peters; Ngārimu Peters; Sene Peters; Tūrei Peters; Tāwhai and Tangiwai Tāwhai; Wiremu and Pua Butler; Pēke and Ngāreta August; Hōri and Te Harihari Gage; Moke and Tīmoti Tipiwai; Taare Parekura; Chappie and Hārata Morice; Nohowai Titirangi; Ngaru Titirangi; Rere and Pera Parekura; Ngāwaea Wharepapa; Te Amokura and Ripeka Albert; Te Huatahi and Tīria Campbell; Taha and Mass Campbell; Pita and Donnie Ngāmoki; Nehe and Te Uruorangi Houia; Tama and Mākere Gage; Kōtuku and Tira Albert; Roach and Norma Albert; Te Keepa and Riripeti Ngāmoki; Te Rangituatata and Te Raita Ngāmoki; Pitapera and Te Ataarangi Wikaire; Pani and Hūhana Richmond. They were some of the extended family who we heard talking about and discussing maramataka matters; who we saw setting out their family and community

ana, e whakawhitiwhiti whakaaro ana mō ngā take e pā ana ki te maramataka. I kite mātau e whakatakoto ana i ngā mahi a ngā whānau o te hapori kia hāngai ki ngā pō o te maramataka.

He kupu hoki mō ō rātau matua, ō mātau tīpuna. He rōpū tangata kē i whānau i roto i te tekau mā iwa o ngā rautau. Anā, i waimaria mātau i roto i ngā tau kotahi mano iwa rau toru tekau, whā tekau, rima tekau, ono tekau, ki te mōhio, ki te pā atu, ā, kia akona mai hoki e rātau. Nui rātau i te ora pai rawa atu i roto i ngā kāinga o Te Whānau-ā-Apanui i tērā wā. Ōku ake tīpuna: a Timutimu, i whānau i 1876; a Merehuka i whānau i 1880; ngā tāina o Timutimu a Teito (Awhimate) i whānau i 1878, a Tāpōrena (Pita Hauraki) i whānau i 1880, he tāngata ora katoa. Ahakoa kua ngau kē atu ki te whitu tekau o rātau tau. I te pai tonu a Timutimu ki te hahau paoro tēnehi i ngā wā e purei ana mātau ki a ia.

He auau tonu tō rātau tūtakitaki i runga i ō rātau marae mō ngā hui whānau, mō ngā hui whenua, ngā hui hapū, iwi rānei, ngā whakanui rā whānau, ngā mārena me ngā tangihanga. Hai reira, i ētahi wā, ka puta i roto i ngā whaikōrero, i ngā kōrerorero noa rānei, ētahi o ngā take e pā ana ki te maramataka. I ētahi atu wā, ka mauria ngā take nei ki roto i ō rātau kāinga whiriwhiri ai.

Kai te mārakerake tonu taku kite, taku mahara, ahakoa ināianei, ki taku tipuna ki a Timutimu e noho ana i te parani o tana

activities according to the phases of their lunar month.

A word too about the generation of their parents, our grandparentage. Another group of people, born in the nineteenth century, who we, in the 1930s and up until the 1960s, were lucky enough to know, to touch and to be taught by. Many of them were still in very good health in the villages of Te Whānau-ā-Apanui then. My own grandparents, Timutimu (born 1876) and Merehuka (born 1880), and my great-uncles Teito (Awhimate) Tāwhai (born 1878) and Tāpōrena (Pita Hauraki) Tāwhai (born 1880) were examples of healthy seventy-plus-year olds. In those years Timutimu was still serving aces when we played tennis with him.

This older generation met together regularly at the marae for family meetings, land meetings, sub-tribal and tribal business meetings, birthdays, weddings and funerals. They would discuss, formally and informally among other issues, information and knowledge about the maramataka. At other times they would take these conversations into their homes.

A vivid memory still remains with me, of my grandfather Timutimu sitting on his verandah looking out to the horizon

whare e mau atu ana tana titiro ki te moana, ki te pae, e kōrero mai ana ki ahau mō te āhua rerekē o te moana i ngā pō o te Tamatea. Ka mea mai, 'Koia nā te āhua o ngā Tamatea Kai-ariki, o ngā Tamatea Tuhāhā. Tiro atu e huri nā te puku o te moana. Koiana te mea motuhake o ngā Tamatea nei. Ka kōrori, ahakoa ko te kaupapa tonu o te moana.' I runga i aku pātai makihoi noa, i hiahia ai kia mōhio nō hea ōna mōhiotanga. Ka titiro mai ki ahau, ka āhua tangi te mapu, ka kōrero anō, 'Koianei ngā tohutohu a tōku pāpā, a ōku tīpuna mātua ki ahau, ki a mātau. Koia nā ngā mea i akona e rātau ki a mātau katoa.' He kōrero noa rā, i waenganui i te tipuna e whitu tekau mā whitu ngā tau me tana mokopuna tekau mā waru ngā tau. Mōku anō, ki te titiro whakamuri ahau ki a māua nā kōrero, ko te mea tino whakamīharo kai te mahara ahau ko te rongo pū atu ā-kanohi hoki, he pūtake mātauranga nō ngā tau kotahi mano e waru tekau mā rima, e waru tekau mā ono. Teira, te pāpā o Timutimu, i whānau i 1857. Ahakoa kāre au i kite i tēnei tangata, engari nāna ngā kōrero i kōrerotia mai ki ahau i taua wā. He kōrero i whakapūmautia e taku tipuna, e taku pāpā i a mātau e tipu ake ana.

I roto anō hoki i te rōpū pakeke nei, ko ngā tuāhine nei a Te Awhi Donald me Pine Titirangi; ngā tungāne a Te Wharepāroa Te Nika rāua ko Pāpu Ngāmoki, a Mare Whangowhango Wharepapa, a Te Ara rāua ko Matekino Ngāmoki, a Tukēti rāua ko Te Kuhupō Gage, a Te Tauhou rāua ko Hāriata

and talking to me about the freakish sea conditions of the Tamatea nights of the maramataka. He would say, 'That is what Tamatea Kai-ariki and Tamatea Tuhāhā is like. See how they churn up the stomach of the ocean? – That is what is special about Tamatea Kai-ariki and Tamatea Tuhāhā. See how the very bowels of the ocean are in convulsions.' Upon discreet questioning about how he knew about these things he would look at me, sigh and continue, 'These are the things my father and my grandparents taught me, taught all of us'; an interesting enough conversation in itself between a seventy-seven-year-old grandparent and an inquisitive eighteen-year-old grandchild. In retrospect for me, the most powerful recollection about this conversation is that I had had direct and personal access to knowledge sourced from the 1850s and 60s. (Teira, whom I never saw, my grandfather's father, was born in 1857.) Knowledge was repeated and reinforced by my father and others as we grew up.

Also of my parents' age group: the two sisters Te Awhi Donald and Pine Titirangi; the two brothers Te Wharepāroa and Pāpu Ngāmoki; Mare Wharepapa; Te Ara and Matekino Ngāmoki; Tu and Kuhupō Gage; Tauhou and Hāriata Ngāmoki; Rāwiri and Kuini Koopu; Hatepa and Kawa; Tipiwai Huritū;

Ngāmoki, a Rāwiri rāua ko Kuini Koopu, a Te Hātepe rāua ko Kawa, a Tipiwai Huritū, a Rangitahi Butler, a Paruhi Peters, a Timi rāua ko Te Matemoana Hāweti, a Te Urupiua, a Te Parekura Huritū, a Mihi Pita. Tērā anō ētahi nō ērā atu o ngā hapū o Te Whānau-ā-Apanui i hora i ō rātau mātauranga maramataka, inā tūpono tūtaki rātau i runga i ō rātau marae. Ngā ingoa e auau ana te hokihoki mai o tērā reanga, ko Hiki rāua ko Te Rongopouri Delamere, ko Hana rāua ko Paora Delamere, ko Te Karauna Delamere, ko Tuāhiawa Toopi, ko Whakatāne Poihipi, ko Te Riki Poihipi, ko Te Wharemoana Mato, ko Huri Mato me tōna hoa rangatira, a Tohi Koopu, a Te Tane Tūkāki, a Rāpata Kingi, a Tiaki Parata, a Wiremu Kingi, a Moana Waititi, me ētahi noa atu. I a rātau katoa e pupuri ana tētahi wāhi o te maramataka nei, ahakoa nui, ahakoa iti. Koianei rātau i tipu ake mātau i te taha. Arā noa ētahi atu ahakoa poto te pānga atu. Nā rātau katoa ēnei tukunga mai. Ko tā tēnā, ko tā tēnā ka tutuki, ka oti pai tēnei whakaahua o ngā mātauranga o te maramataka a Te Whānau-ā-Apanui.

I noho mātau ngā mea tamariki i te taha i a rātau i ngā wā e tarea ana, ki te whakarongo ki ā rātau whakawhitiwhiti whakaaro, ā, kia whakawhiwhia hoki ki ngā mātauranga i tukuna mai e ō rātau mātua ki a rātau. I rongo mātau i a rātau e kōrero ana inā tūtakitaki rātau, ahakoa anō i ētahi wā ka puta ēnei kōrero mai i te paepae, i ētahi wā kore tangata, e tatari ope ana rānei taua paepae. Ka tīmata rātau ki te wetewete i te tino

Rangitahi Butler; Paruhi Peters; Timi and Matemoana Hāweti; Te Urupiua; Parekura Huritū; Mihi Pita. There were others from further afield, from the other sub-tribes of Te Whānau-ā-Apanui, who shared maramataka knowledge whenever they met on the marae with the people mentioned above. Names which come readily to mind are Hiki and Rongopouri Delamere; Paora and Hana Delamere; Te Karauna Delamere; Tuāhiawa Toopi; Whakatāne Poihipi; Te Riki Poihipi; Te Wharemoana Mato; Huri Mato and his wife; Tohi Koopu; Te Tane Tūkāki; Rāpata Kingi; Tiaki Parata; Wiremu Kingi; Moana Waititi and others. These people were all holders of some part of the scholarship of the maramataka, however great or however small.

These were the people with whom we grew up. There were others, however brief the contact. All of them contributed. All of them make up and complete the picture of this knowledge of the lunar month of Te Whānau-ā-Apanui. We the younger ones sat with them when we could, listened to their discussions and received the wisdom they had received from their parents. We heard these people talking whenever

tikanga o ngā kupu whakarite kai roto i ngā kōrero o te maramataka e noho ana. Pēnei i ngā tai whakakī o te Rākaunui; Te Korekore Whakapiri; Tangaroa Atua Whakahaehae; te kawenga a Takatakapūtea; me te nui noa atu o ēnei momo mātauranga i roto i ō rātau ringaringa e pupuri ana i ērā wā.

and wherever they gathered – even from the speakers' proscenium on the marae. Sometimes during a lull between arriving groups they would, among other matters, tease out the significance and possible symbolism of maramataka references such as *ngā tai whakakī o te Rākaunui*: the filling tides of the full moon; *te kionga o ngā Tangaroa*, the apex lines of Tangaroa; *Te Korekore whakapiri*: the transient time between Korekore and Tangaroa; *te atua whakahaehae*: the fearsome mood of the gods; *te kawenga a Takatakapūtea*: the role of Takatakapūtea, and many other aspects of knowledge which they held in their hands at that time.

I tuhia ēnei tuhinga i roto i te reo Māori me te reo Pākehā. Kai te noho piritaha ngā reo e rua nei i runga i te whārangi kotahi. Anei tā te kaituhi: Tuatahi mō rātau, kāre anō kia tino pakari i roto i te reo Māori, mā te reo Pākehā kai te taha tonu e haere ana, e tuku ētahi māramatanga, tikanga hoki, ki te mahi. Ko te reo Māori hoki kai tērā taha tonu o taua whārangi anō e haere ana, kia whai wāhi ai te kaipānui ki te kōrewha ake ki tēnei reo, ki tērā reo, ki tāna e hiahia ana i taua wā. Ko te tūmanako, ko te whai wāhi ki te whakamahi i ngā reo e rua nei, i a rāua e noho piritaha ana i runga i te whārangi kotahi, ka tino mārama te tikanga ki te kaipānui, ā, ka tere tangohia e ia ngā mea e hiahia ana ia mai i ēnei tuhinga. Ehara te reo Pākehā i te whakapākehā tūturu o te reo Māori, ā, ehara hoki te reo Māori i te whakamāori tūturu o te reo Pākehā. Ko

This thesis is written in both Māori and English. The two languages are placed side by side. The intention is clear. First, for those who are not yet confident in Māori, the English version will provide understanding and some meaning to the work. The Māori language is tracking along closely on the other side of the same page, providing opportunity to glance over and take the two languages together, choosing one or other as convenient. It is hoped that the opportunity to have the two languages side by side will encourage Māori and Pākehā readers of this work to read about this knowledge with real understanding and extract what they will from these writings. It must not be presumed that the English translation is an exact translation of the Māori, and similarly it ought not to be taken that the Māori is a grammatical translation of the English text.

te tikanga tuku i ēnei mātauranga i roto i ngā reo e rua, he mārama noa, kia kimihia te tikanga tuarua, tuatoru kai muri atu i te kupu e kitea iho. Ka whakamāori i ērā, ahakoa ko tēhea reo. I te nuinga o te wā ko tērā huarahi kē o te whakamāori, o te whakapākehā, ka awhitia mai, nō te mea ka āhei te kaituhi ki te titiro ki ngā momo tikanga katoa o te kupu. Kātahi, ka tohu ko tēhea tāna e hiahia ana. Anā, ko tāku anō i whakahua rā, ko te tūmanako kia tae ēnei mōhiotanga ki te maha noa atu o tātau o Aotearoa nei, nō te mea kai te haere piritaha te reo Māori, te reo Pākehā, i runga i te whārangi kotahi.

Kia ora

Rather, the method and style of presenting this knowledge in the two languages is flexible. It seeks to clarify the sense behind the words of both languages. It interprets rather than translates. Although word-for-word translations do occur wherever possible, interpretations are favoured in these writings: the method which allows levels and shades of meaning to be explored. As I have stated, the intention is that a wider readership is engaged through the use of both Māori and English side by side in the text.

Kia ora

TE MARAMATAKA A TE WHĀNAU-Ā-APANUI

Ki ētahi iwi, ko Whiro te rā tuatahi o te maramataka, ko Mutuwhenua te rā toru tekau. Ki a Te Whānau-ā-Apanui, ko Rākaunui kē te rā tuatahi, ka mutu te wāhanga tuatahi i a Mutuwhenua te rā tekau mā rima. Hai kō ake nei ka kōrerohia, ka whakamāramatia te wahi o Takatakapūtea mehemea ka puta i muri i a Mutuwhenua. Ka tīmata te wāhanga tuarima i te putanga o Whiro, te marama hou tae noa ki a Turu, te pō toru tekau, toru tekau mā tahi ranei.

Nō te mea, mā te kite i te āhua o te marama i te pō, ka mōhiotia ngā wehewehenga o te maramataka, ka kīia ēnei wehewehenga ko ngā pō o te maramataka. I tīmata atu te wehenga kotahi i te ahiahi pō tae noa ki te ata, ka haere tonu ki te ahiahi pō anō, ka mutu. Kātahi ka tīmata ko te wehenga tuarua, haere tonu tae noa ki te mutunga o te marama.

Koianei te maramataka Māori e ai ki tā ngā pakeke o Te Whānau-ā-Apanui. Kai konei ō rātau whakaaro, ā rātau whakamāori, ā rātau whakamārama mō ēnei mātauranga tawhito. I riro mai ēnei mātauranga i runga i te āta titiro, i te whakarongo, i te mahi i ngā mahi nei, i te whakamātautau i ngā mea nei kia kitea te tika. Ngāwari noa te kitea iho e whakatū ana ngā pō o te maramataka i ngā wā mōmona, tūpuhi hoki o te marama. Me te āhua hoki o te pā o ēnei pō ki te oranga o te tangata o

THE MARAMATAKA OF TE WHĀNAU-Ā-APANUI

Some tribes start their lunar month with Whiro as day one, and Mutuwhenua as day thirty. In Te Whānau-ā-Apanui the lunar month starts with Rākaunui as day one, and the first phase wanes to end with Mutuwhenua as day fifteen. The place of Takatakapūtea, which may or may not follow Mutuwhenua, will be discussed later. The second phase begins with the rise of Whiro; the new moon waxes its own course across the sky to rendezvous with Turu again on the thirtieth or thirty-first night.

Because the thirty or thirty-one divisions of the lunar month are dependent on viewing the moon at night, the old people called these divisions 'the nights of the month'. In reality, one division includes a night and a day: twenty-four hours. The next division begins on the next night.

This record is of the Māori lunar calendar according to Te Whānau-ā-Apanui elders. It includes their thoughts, interpretations and explanations of this traditionally inherited knowledge base. This knowledge was inherited through observing and listening, through hands-on experience and through trialing and testing their knowledge to prove its validity. The nights of the lunar month fall into a natural pattern which not only indicates the fertile and lean parts of the month, but also how it impacts on the social

te hapori. Kai roto i tēnei tuhingaroa ngā whakamārama mō ngā mahi i mahia e ngā pakeke i ngā pō motuhake o te maramataka. Āna mahi katoa me ngā māramatanga i whakanuia, i whakawhānuitia e rātau ki ngā uri whakatipu. I ētahi wā ka puta mai he wairuatanga i roto i ā rātau tirohanga. Kia puta ēnei, mākū e whakahua.

I tukuna katoa mai ēnei mātauranga, ēnei wheako ki a mātau ngā rangatahi i tipu ake i te taha i a rātau. Koianei ngā whakawhiwhinga o te mahi tahi i ō rātau taha mō te nuku atu i te ono tekau tau; o te whakarongo, o te mātakitaki, o te kawe i ngā mahi mātauranga taiao o te ao o te tangata whenua.

E whai ake nei ko ngā ingoa Māori o ngā pō o te maramataka nei. Kai tērā taha ko ngā whakapākehā i ngā tikanga o ngā ingoa nei. Kai roto i te rārangi nei ngā whakamārama mō te wāhi o Takatakapūtea i roto i te maramataka nei.

Ka whakatakotoria ngā kōrero mō ia pō i muri atu i tēnā. Ka tīmata atu i te Rākaunui me ngā whakamārama he aha i tīmata ai tēnei maramataka i konei. Kai roto i ngā whakamārama mō ia pō, ka kitea te hōhonu o tā ngā tīpuna mōhio ki tō rātau taiao, ki tō rātau ao wairua me tō rātau whakawhirinaki ki ēnei mea, hai whakapūmau i tō rātau oranga i roto i tō rātau ao.

life of the people. Included in this thesis are descriptions of the special things the elders did pertaining to special nights of the lunar month; of the activities they carried out; of the experiences they passed on, and the understandings they promoted, with those of the next generation. Sometimes a philosophical perception would evolve from their lunar observations. These would be described when they occurred.

The information and knowledge about each night of the lunar month was also experienced and received by me and other young people of my age during the time we grew up with our elders. This is the result of that participation over a period of more than sixty years of listening, watching, doing and learning about this aspect of the world of indigenous environmental science.

Here follows a list of the names of the nights of the lunar month. Here also will be the English interpretations of the Māori names. Included in the middle of this list are the notes which explain the role of Takatakapūtea in this lunar month.

After that, what is known about each night will be set out. This will begin with Rākaunui and will include the reasons why this lunar month starts here. The statements and discussions about each night will demonstrate the depth of knowledge the ancestors had of their environment and their natural world, their knowledge of their spiritual world, and their reliance on this knowledge to sustain the quality of life they enjoyed.

Kei konei te mutu o te tuhingaroa nei. Kai roto i ngā mātauranga mō ia pō, mō ia pō, mai i a Rākaunui tae noa ki a Turu.

The core element of this thesis is here in the known and remembered knowledge of each night from Rākaunui to Turu.

Haere mai.

Welcome.

TE MARAMATAKA A TE WHĀNAU-Ā-APANUI
The Māori Calendar of Te Whānau-ā-Apanui

1. Te Rākaunui: The transcendent apex
2. Rākaumatohi: The evergreen spiritual acknowledgement
3. Takirau: Multitudinous but miniature
4. Oike: Obstructiveness (unproductive)
5. Korekore Tuatahi: Nothingness, emptiness
6. Korekore Rawea: Nature is closed up
7. Korekore Whakapiri: Insubstantial (merging into the meagre fertility of
                            Tangaroa-a-mua)
8. Tangaroa-ā-mua: Improving with the evening
9. Tangaroa-ā-roto: Productiveness from within
10. Tangaroa Whakapau: Widespread peak productiveness
11. Tangaroa Whāriki Kiokio: Complete fulfilled productiveness
12. Ōtāne: Blessings from Tane (god of creation)
13. Ōrongonui: All-pervading positiveness, empowered by Rongo
                            (god of growth)
14. Ōmutu: Closure approaching
15. Mutuwhenua: Land's end. The termination

At this point, if there are thirty-one days in a lunar month, Te Whānau-a-Apanui adds an extra night called Takatakapūtea as number thirty-one. No doubt other tribes have their own ways of dealing with the month with thirty-one days. Te Whānau-a-Apanui uses this simple method of holding an extra night in reserve to use as required.

16. Whiro: Be aware Whiro lurks, peering over the horizon
17. Tirea: Expanding radiance from the horizon
18. Hoata: Reaching, rising upwards
19. Ōuenuku: Rainbow bright
20. Okoro: Intentions defined (pathways ahead are clear). Take heed of
                            nature's unpredictable moods
21. Tamatea Āio: Tamatea is unsettled
22. Tamatea a Ngana: Tamatea is threatening, dangerous
23. Tamatea Kai-ariki: Tamatea is in a devouring mood
24. Tamatea Tuhāhā: Tamatea is in a destructive mood
25. Ariroa: Nature wears a disguise
26. Huna: All is hidden away
27. Mawharu: Everything is exposed, plentiful; take at will
28. Ōhua: Time of pronouncement
29. Atua Whakahaehae: The gods are in a fearsome mood
30. Turu: Calm and beauty approaches

TE MARAMATAKA A TE WHĀNAU-Ā-APANUI

1. RĀKAUNUI

Ko te mahi tuatahi i konei he āta titiro, he āta whakatatū ko tēhea te marama kī motuhake. Kia tatū rawa tēnei kātahi anō ka tīmata te whakatakoto haere i ērā atu o ngā pō o te maramataka. Ki te tirohia e te kanohi tangata ka kitea e whā rawa ngā pō e ōrite ana te marama ki te marama kī. Ko te pātai nui, ko tēhea o ēnei marama kī e whā te Rākaunui.

He kōrero anō tā Te Whānau-ā-Apanui hai tohu ko tēhea te marama kī tūturu, 'Kia pā te rā ki te pae, kia whakatātare mai te marama i runga i ngā pae maunga, kia kī mai te tai i te ahiahi. Koiana te marama kī tūturu'. Koiana te Rākaunui. Koiana te tīmatanga o tā rātau maramataka.

Hai tino whakatatū i tēnei, haere ai ngā pakeke ki te ākau i te marama kī tuatahi. Ka titiro ki te rā i te pae, ki te marama i

1. RĀKAUNUI: THE TRANSCENDENT APEX – FULL MOON

The first thing they did in their maramataka planning was to ascertain when the moon is full: is at its zenith, and at its apex. Only when this was done was one able to set out the rest of the nights of the lunar month. The naked eye will see the moon as seemingly full over a period of four to five nights. The question arises: which of these seemingly full moons is Rākaunui.

Te Whānau-ā-Apanui has a procedure to ascertain when the moon is at its fullest, thus determining which night is Rākaunui. The elders would say, 'when the sun touches the horizon in the evening; when the moon peers over the hills and the tide is at its fullest. That is the fullest of the full moons.' That was Rākaunui. That was the beginning of their lunar month.

Little variations in these indicators occur within the tribal area, depending on the landscape and the geographical setting of the

ngā pae maunga. Kātahi ka poua he rākau ki te mutunga o te oma ake o ngā ngaru i te tātahi. Ka waiho. i te ahiahi tuarua, ka hoki anō ki te ākau ka tatari. Ka titiro anō ki te rā e pā ana ki te pae, ki te marama e whakatātare mai ana i ngā pae maunga, ki ngā ngaru e whakamākū ana i ngā kōhatu o te tātahi. Mehemea ka hipa te wai i te rākau o te pō tuatahi ka poua he rākau tuarua ki reira, ka waiho. Pērā anō i te ahiahi tuatoru. I te ahiahi tuawhā, ka tirohia anō ngā ngaru e piki ake ana. Ki te kore e hipa ake te wai i te rākau i poua whakamutunga, ka hoki whakawaho kē i te whatinga o te tai, ka mōhio rātau koiana *ngā tai whakakī o te Rākaunui.*

Ka whakatatū ngā pakeke ko tēhea o ngā marama kī i kitea rā e te kanohi tangata te Rākaunui. Kātahi, ka tangotangohia ngā pou. Kā whakatakotoria ērā atu o ngā pō o te maramataka mai i konei. Koianei te take i tīmata mai ai tā Te Whānau-ā-Apanui maramataka i te Rākaunui.

locality. They knew about these variations and adjusted accordingly. To determine the above absolutely, the old people would go to the shoreline at sunset, at the first of these seemingly full moons, and watch and wait. When the sun touched the horizon and the moon appeared above the hill-line, they would observe the waves running up the beach. When the tide turned they would plant a peg in the sand at the highest wet mark and leave it there. The next evening they would return to their peg and watch again. They would watch the sun touch the horizon and the moon peer over the hills. The new wet mark, higher up the sand, would be marked with a second peg and left there also. Similarly on the third, fourth and maybe even the fifth evening. On one of these evenings an interesting happening will take place. The waves will only lap and run up the beach as far as the farthest peg – and no farther. They will recede with the turning tide. The under edge of the setting sun will perhaps be beginning to just sink below the horizon; the moon will be almost fully in view above the hills. The tide is at its fullest, as the simple peg system shows. That is: *the filling tides of Rākaunui.*

The decision is taken. That is the full moon. That is Rākaunui. The pegs in the sand are removed and the old people go home. The maramataka, the lunar month, starts and the rest of the nights are put into place. This is the reason the Te Whānau-ā-Apanui lunar month starts with Rākaunui.

Ko ngā wā e tino oti tika ai tēnei mahi i runga nei ko ngā wā e pā mai ana te hau tonga i ngā ahiahi. Kai te tino tau te moana, kai te tino pakupaku ngā ngaru, he mahi ngāwari noa te titiro ki te tai e whakakī ana, e hoki ana i te whatinga. He mahi ngāwari noa te titiro ki ngā ngaru e piki ana, e mutu ana, e hoki ana. Ka pou i te rākau ki reira.

Mehemea kāre e pupuhi te hau tonga i te kīnga o te marama i tēnei kaupeka o te tau, kai te pai, ka tāria tērā kaupeka kai te whai ake. Mehemea ka tika te whakahāngai i tētahi o ngā kaupeka o te tau, oti tonu atu mō ngā wā kai mua. Te tikanga rā! Engari e pā ana tēnei mate, te wareware ki te katoa. Ki te pērā, ana, kua hoki anō ki te ākau titiro ai ki te rā i runga i te pae, ki te marama e whakatātare mai ana i te pae maunga ki ngā tai whakakī o te ahiahi.

Engari anei anō tētahi āhua e pā ana ki tēnei mahi. Kai roto i tēnā kāinga, i tēnā hapori o te iwi e noho ana ētahi, tētahi tangata rānei e pupuri motuhake ana i ēnei mātauranga. Ki te pā te wareware ka haere te tangata ki te tohunga nei ki te pātai. Kāre noa iho te nuinga o te tangata e āro ki te ako rawa kia mau tūturu ngā mātauranga nei. Ka whakawhirinaki ki a ia, ki a rātau rānei e whiwhi ana i te whiri, i te māramatanga me te hōhonutanga o te whakaaro ki te tiaki i ēnei taonga a te hapū, a te iwi. I haere au i ērā tau i te taha o tētahi o aua pakeke ki tātahi noho ai, whakarongo ai, mahi ai i ngā mahi. Titiro ai, pātai ai, ako ai.

The most ideal conditions to carry out the above process is when there is a light southerly in the afternoons. The sea becomes very still, and there are hardly any waves on the beach. It is very easy to watch the tide coming in, reaching its peak, stopping and then receding.

If the moon is clouded over during these nights of the month, one merely waits for the following month. If the full moon – Rākaunui – is placed exactly in a particular month, then succeeding calculations and calibrations can be made from there and far into the future – or so it would seem. There is an affliction, however, which touches us all. Forgetfulness! When that happens, then a return to the beach to take new calculations may be necessary.

There is another aspect, however, as mentioned briefly earlier, which pertains to this process. Within each settlement and district of the tribe reside one or two special people who have a natural ability to keep knowledge intact, current and safe. They are known to all. When forgetfulness happens, people trek to such experts and ask to be put right in their individual calculations. Mostly the general populace do not bother to keep their records exact. They rely on the expertise of these special keepers of the knowledge to help them when the need arises. I went to the beach with two such tohunga. Watched, asked, did and learnt.

Ki te hoki ngā mahara ki ngā wā o nehe, ka maharatia e hāngai ana tēnei āhua ki tā ngā tīpuna tikanga e pā ana ki te *Kauwae Runga* ki te *Kauwae Raro*, ki te kawa, ki te tikanga hoki.

E ai ki ngā kōrero tuku iho o ērā wā āta whakawhiwhia ai ngā tohutohu, ngā mātauranga o te ao wairua, kāre ki tētahi noa, engari ki a rātau e whakaatu ana kai a rātau ngā tohu tika hai kaipupuri mō ēnei taonga whakahirahira o te ao Māori. E tarea ana e ngā tohunga ahorangi o tērā wā te kite moata kai a wai aua tohu inā whānau mai ana. Ka whakaurua ki ngā whare wānanga, ka ākona ki ngā kai mārō o reira, ā pakeke noa. Kua tohu noa atu, ko rātau ngā kaipupuri i ngā kōrero hōhonu i ngā mātauranga tapu o te iwi. I tuhia ake rā i runga nei, i noho ai mātau i ngā waewae o ētahi momo tāngata pēnei. He momo tāngata anō; kāre i te katoa ēnei pūkenga ki te pupuri i te mana motuhake o ēnei mātauranga, kātahi ka tuku anō hoki ki a rātau e manako mai ana, hai hiki, hai pupuri i ngā mātauranga o te iwi. Ko ēnā o ngā kōrero mō te Rākaunui, e ai ki a Te Whānau-ā-Apanui, ko ngā kōrero e whai ake nei e pā ana ki ngā mahi e mahia ana i te Rākaunui. Tuatahi, 'He pō atarau, he mārama, he pai mō te haere pō. Kāre te waewae e tūtuki. Kāre e hinga, e whara.' Arā, tētahi kōrero rongonui:

If we cast our minds back to ancient times, it will be remembered that the ancestors recognised this special ability in certain people to keep knowledge safe and unsullied. Such people were needed to protect celestial and terrestrial knowledge, and to keep safe the principles and customs that guided their daily lives.

According to the traditional view of those times, specialist knowledge on lore and wisdom from the spiritual realm was taught and entrusted, not to any ordinary person, but to those who manifested the required attributes to qualify to be custodians for this reverent knowledge of the Māori world. The learned sages of those times were able to ascertain soon after birth who displayed the signs of thoughtfulness and application and awareness. They would be chosen for early entry into the tribal learning institutions, to be guided through the philosophies of the people until adulthood. They were predestined to become the custodians and keepers of the deep and sacred knowledge of the people. I and others were fortunate to sit at the feet of the modern version of these kinds of people. Special people possessing the natural ability to keep knowledge intact and pure, and to disperse it for the ultimate benefit of their communities. Here are some of the things that Te Whānau-ā-Apanui say about Rākaunui with special reference to activities undertaken during this period. The first is common sense: 'The moonlight is at its brightest. It is an opportune time to travel at night. There is less chance of

He waewae tūtuki, he upoko pakaru.

He pō mārama rā hoki, ka puta te hiahia, te mate kanehe o tētahi mō tētahi. Arā, e mau rā i roto i te ingoa wāhi kai te ākau o Te Whānau-ā-Rutaia. *Pō-hai-takataka*, he pō hai whāwhā. Kāre hoki e pai tēnei pō mō ngā mahi rama i ngā kai o te pō. Pēnei i te rama pāpaka, i te kōkō kehe, i te rama tuna rānei i roto i ngā awa. He tino mārama nō te atarau, ka kitea wawe mai, ka taki omaoma ngā kararehe o te pō ki te huna. He āhua pai tonu mō te hī ika engari kāre e rite ki ngā pō pai kai te haramai. He kai timotimo noa te ika i tēnei pō, i tēnei rā. He pai kē te tatari.

Engari mō ngā hua o te whenua. He tino pai. He matomato te tipu o ngā kai o runga i te whenua. Mō ngā kai o raro i te whenua, kia tūpato nō te mea kai te tōia ake e te marama o te Rākaunui ngā waiū o Papatūānuku ki runga, ka kī ēnei hua i te wai. He nui, he nunui ngā hua nei engari kāre e toe roa i roto i ngā rua, kōpiha rānei i te hōtoke. Kāre e roa e takoto ana ka pirau, nō te mea he nui te wai kai roto i ēnei hua e pupuri ana. Ahakoa whakamaroke paitia i roto i te rā, ka pirau tonu.

stumbling into an obstacle, of falling and getting injured.' There is a well-known saying:

A stubbed toe, a cracked head.

There are also romantic allusions associated with the bright nights before and after Rākaunui – as encoded in the tribal place name *Pō-hai-takataka*: a night to frolic. However, this is not a good time to hunt out the creatures of the night by torchlight, like crabs; or netting for *kehe*, or eels, in the streams, rivers or swamps. Creatures of the night sense the approach of the hunter early and scurry away to hide. Fishing is average. Fish only nibble half-heartedly. It will never be as spectacular as the good periods about a week away. It is better to wait.

But for planting crops this is a good period. For crops above the land, growth is profuse and luxuriant. For underground crops, be aware that Rākaunui is exerting a powerful force on Mother Earth and the water table of the land is at its highest level at this time – a phenomenon which shows in root crops having many and large produce. A single *kūmara* plant, for example, planted during Rākaunui would yield at least four or five large tubers and, interestingly, little else. But these do not store well due to their high water content inherited from Rākaunui planting. Even if sun-dried well, they still rot early in storage, and six to eight weeks is the shelf life expectancy from Rākaunui produce.

Hai te wā o te rumaki, āta rumakitia ai e ngā pakeke e whā ki te rima rau tipu kūmara i te Rākaunui. Ko te pātai i konei: 'he aha i mahia ai tēnei mahi, ahakoa te mōhio ka pirau wawe?' He tohutohu i pūtake mai i neherā. He tohutohu e whakapūmau ana i ētahi o ngā tikanga o te ao Māori. Hai ngā wā o te hauhake, kia haramai te whānau whānui ki te āwhina ka tukuna ēnei hua nunui hai 'kai wawe' mā rātau. Ko ngā toenga mai, ka whakamaroketia, ka whakapapatia ki mua o te rua hai 'kai wawe' hoki mā te whānau. Mehemea ka tū he hui ki te marae ka haria ēnei hua nunui hai manaaki i ngā manuhiri, hai pupuri, hai whakapūmau hoki i te mana manaaki o te hapū ki te tiaki i a rātau ka tatū mai ki tōna marae. Koianei te take i rumakitia ai he hua whenua i te Rākaunui. Ka tuituia anō te whānau, ngā whanaunga, ngā pakeke, te hapū me ērā atu e tūpono. Ka whakamaua anō te mana manaaki o te hapū kia tinā, kia haumi, kia tāiki.

I ēnei rā o New World, o Pak 'n Save, o Countdown, me ērā atu momo kamupene, me ā rātau whare nunui hai pupuri kai i te mahana e tika ana, ā rātau taraka maha hai neke i ēnei kai ki ngā topito o te whenua;

During planting time the elders deliberately plant several rows of kūmara on this Rākaunui night. The question then arises: 'Why plant on the Rākaunui night knowing already that the produce does not keep well during winter storage?' There is a very significant reason for doing this, and it reinforces familiar traditions and protocols of Māori existence. When the harvest time arrives, family and friends gather and help to 'get the crop in'. Some of the large Rākaunui produce is given away for the whānau to have for their immediate use. The rest are sun-dried, and stored just inside the door of the storehouse as *kai wawe*: to be used first. If a hui occurs at the marae these are taken there to ensure the *hapū* hospitality standards are maintained and preserved. Thus the Rākaunui produce can spread through the community and can be enjoyed by many, and – indirectly – positive relationships in hospitality are re-strengthened and prioritised. Visitors to hui at the marae would marvel at the size of the kūmara served up during meal times. They would go home and talk to others. The mana of the hostesses, hosts and the hapū will travel across the country, and the standards of tribal hospitality will again be upheld, described, and encouraged to endure.

Today in the market-place of New World, Pak 'n Save, Countdown etc, each with their own temperature-controlled store-rooms and their own distribution companies, the traditional and cultural aspects of kūmara

ka ngaro haere ngā kōrero tawhito mō te rumaki i te Rākaunui. Ko ēnā ngā koha a te pō o te Rākaunui ki te tangata, e ai ki tā Te Whānau-ā-Apanui titiro me te mōhio ki ngā mātauranga hōhonu o mai rā anō.

2. RĀKAUMATOHI

He āhua pērā anō a te Rākaumatohi i te Rākaunui rā. He marino ngā pō, he mārama. Kua tīmata te heke o te marama ki tōna matenga a te Mutuwhenua. Ahakoa tonu, kāre e tino kitea e te kanohi tangata te rerekē o te nui o te marama o te Rākaunui o te Rākaumatohi. He ōrite rāua. Kāre e tino kitea e te kanohi tangata te rerekē. Engari, rongohia ai ngā pakeke e kōrero ana mō *te pō i haere ai te marama.* He kōrero tēnei e hāngai ana ki te haerenga o te Rākaunui mō tērā marama. He kōrero tēnei e hāngai ana ki tērā o muri mai i te Rākaunui. Ko te Rākaumatohi te wā tika ki te tuku i te Rākaunui kia haere i runga i ngā 'karaki' a a ngā tohunga e kawea ana i te 'hōhonutanga o te ngahere'. Pērā anō i te Rākaunui mō ngā hua o te whenua. He matomato te tipu o ngā kai o runga o te whenua ka rumakitia i tēnei pō. Mō ngā kai o raro i te whenua, he nui, he nunui, engari kāre e toe roa. Hai kai wawe kē.

Mō ngā ika o te moana he kai timotimo noa te āhua. He pai kē te hī mā te tiheni i te Ahotu. Ki te mau he ika i runga tiheni

2. RĀKAUMATOHI: THE EVERGREEN SPIRITUAL ACKNOWLEDGEMENT

Rākaumatohi is much like Rākaunui. Usually calm nights and brightly moonlit. The moon's waning passage commences, ending at Mutuwhenua, thirteen nights away. The physical difference between the Rākaunui and Rākaumatohi moons is not readily discernible. They are the same size. The human eye cannot make a distinction yet. The old people interestingly talk about Rākaumatohi as *te pō i haere ai te marama*: the night after the moon has passed. This is a direct reference to the passing of the full moon for that month. And Rākaumatohi is the opportune time to acknowledge this, through special ceremonies carried out by special people deep in the forest. The inferences are held in *rākau*: trees of the forest, and *matohi*: spiritual ceremony. For crops under the ground produce are sizable and plenteous, but again, due to high water content, these do not last in storage. They are grown for immediate use only, and for giving away and to take to the marae.

Fish nibble sluggishly and are elusive. If the need is for fresh fish for dinner, put some bait in the sea toward sunset. There may

i tēnei pō, i te nuinga o te wā he ika rahi. Ka kōrero ngā pakeke nā te mea kai te pōteretere te mōunu, ka tere āro mai ngā ika rarahi. Mehemea he hiahia ika mō te kai ahiahi, tukuna atu he mōunu ki te moana. Kai konā ētahi torutoru tāmure, araara nei.

Engari ko ngā tohutohu ia, waiho ngā mahi hī ika, hī tuna mō ngā pō pai kai te haramai. Hai reira ka tino nui te mau o te ika, o te tuna, o te pāpaka, o te koura, ka eke te pūpū. Ka kī ngā kete i te kai. Ka nui hai tohatoha mā te katoa.

3. TAKIRAU

Kāre noa e whakamahia rawatia ngā māra i tēnei pō nō te mea kua tīmata te maramataka ki te uru atu ki roto i ētahi rā tūpuhi. Kotahi anō te kōrero tino nui mō te Takirau. He tino nui te hua o ngā kai o raro i te whenua engari he tino pakupaku. Me titiro tonu ki te ingoa nei. Ki te wetewetea, ka puta ko te 'taki' me te 'rau'. 'Taki' he pēnei te āhua 'rau' e rau atu, e rau atu. Ka aro anō te pātai: 'He aha te take kia rumakitia te kai i te pō o te Takirau mehemea he nui engari he pakupaku, he mataririki?' Ka hoki anō ki te ao Māori tawhito mō te whakautu. Koianei ngā hua o te māra kūmara ka mahia hai 'kao'. He tere marū a roto i te wā e taongia ana, he tere maroke anō hoki a roto i te wā ka whakatakotoria ki roto i te rā. Kātahi, ka takoto pai mō te hōtoke. Koianei te take i rumakitia ai ēnei kai i te

be the odd trevally or snapper available. To improve chances of catching something, try a floating line. Usually bigger fish are attracted to a floating bait washing around in the current.

But the strong advice is not to mount major sea or river fishing expeditions at this time. Wait for the productive and abundant times six nights away. Then the catches will be excessive and there will even be enough to give away to the extended family and the community at large.

3. TAKIRAU: MULTITUDINOUS BUT MINIATURE

Major plantings do not take place during Takirau, because the maramataka is beginning to dive into an unproductive period. There is one outstanding statement about Takirau, however: prolific crop, but small. Takirau produces two separate words: *taki*, a prefix which in this case gives a distributive force to numerals; and *rau*, meaning hundred/s. Takirau then would describe a kūmara crop which produces 'by the hundreds', and the natural assumption that these would be small (banana size at the most) would be correct. The question again arises: 'Why plant on the Takirau night at all if the crop it produces is plenteous but small?' The answer again lies in tradition. These are the produce from the kūmara crop that are suitable for making a kumara dish called *kao*. They cook through

Takirau. Ko tētahi mea mīharo e kitea ana i ngā kai raro whenua o te Takirau, ko te puta i ētahi rā he hua pēnei i te tātua nei te āhua. Anā, kia kitea ēnei ka makaia ki te taha i ngā pota, kai poaka. E whakatūpato ana ngā pakeke mō tēnei āhua o te Takirau, nō te mea kai waenganui i te pai, i te kino tēnei pō e tītakataka ana. Tērā pea, e pai ōna hua hai mahi kao, hai kai tonu, tērā rānei he hua koretake. Ki te hē ngā hua o te Takirau hai mahi kao, ka kimihia ko ngā mea āhua pakupaku o ngā Tangaroa.

Ka mutu hoki ngā mahi rumaki kai i konei nō te mea kai te heke atu ki ngā wā tūpuhi o te maramataka. Pērā anō mō ngā mahi hī, rama rānei i ngā kai o te moana o ngā awa. Ehara i te pai. Waiho, engari whakatikatikangia ngā aho, ngā pīhuka maha, ngā matau, ngā tāruke, ngā pouraka, ngā kupenga, ngā hīnaki, ngā toitoi, ngā mōunu me ērā katoa. Kia tae mai ngā Tangaroa kai te noho tika ngā taputapu patu kai mō te whānau.

uniformly in the *hāngi*. They also dry thoroughly when laid out in the sun. They keep very well through winter and provide a nice gift when family or friends visit. These are the reasons why plantings are carried out during the Takirau period. A surprising thing sometimes occurs during the Takirau plantings. Some of the produce grows in a long, belt-like form. These are discarded to the 'very small' heap as pig food. The old people say this is evidence of how close Takirau can come to producing either a good crop of small produce or producing something useless. Takirau is regarded as one of the temperamental nights of the lunar month. If and when Takirau fails, the kao source will move up in to the next grade of the kūmara crop.

It is the same when fishing in the sea and the rivers. Takirau is not a good time to fish or eel. For the forward-thinking community this is the time to get lines, hooks, sinkers, spreaders, crayfish pots, round nets, long nets, eel traps, lures and ropes prepared and ready. When Tangaroa arrives soon, all tackle will be ready to maximise catches for the whānau.

4. OIKE

Karekau he kōrero pai a ngā pakeke mō tēnei pō o te maramataka. He wā tēnei e tīmata ai te tau uwhiuwhi mai o ngā tohu e whakaatu ana kua taka atu ki ngā wā o te tūpuhi. Ahakoa, kāre anō kia tino tae mai ngā Korekore, engari mā te Oike nei e kī mai, arā! Kua kitea atu. He poto noa iho tāna kōrero. Ngakia ngā taru, romiromia te whenua, whakatā. Whakahaerea rānei he wānanga mō ētahi o ngā tikanga o te iwi. Whakatikatika tonutia ngā taputapu patu kai a te iwi. E peka rānei, haere kia kite i ngā whānau, i ngā hoa. Kōrero ai ngā pakeke, ko te tuki o tētahi mea ki tētahi, tētahi anō āhua o te Oike nei. Ko te tuki i konei ko te tūtukitanga o te Oike ki ngā Korekore. Nō te mea ko ngā pō Korekore ētahi o ngā pō rongonui o te maramataka, e mōhio whānuitia ana tō rātau āhua e kore rātau e tarea te whakaneke. Ka noho toitū tonu ahakoa tukia e te Oike. Kotahi anō te putanga, ka hono, ā, tahi rāua.

I kite au i ētahi o ōku pakeke ohooho, koi ngā hinengaro, e rumaki kai ana i te pō o te Oike ki te whakamātau mehemea ka mau tonu te mana o te Takirau i kō atu i a ia anō, kāre rānei. Nō rātau anō ō rātau whakaaro, engari e whakaatu pū ana i te ngākau hihiko, i te hiahia kia mōhio, me te rapu huarahi hei whakahōhonu atu i ngā mātauranga o te iwi. Ko te nuinga ka whai noa i ērā e mōhiotia ana, kāre noa he pātai.

4. OIKE: OBSTRUCTIVENESS (UNPRODUCTIVE)

There is nothing positive in what the elders say about this night. The signs which clearly portend approaching infertility and barrenness begin to draw near and envelop during Oike. And although the barren period Korekore has not quite arrived, Oike indicates its impending closeness. The lessons are short and appropriate. Stay home and weed and tend to the earth. Organise wānanga on lore, and continue the maintenance of the community's assets. Or just rest, take time out and go and visit family and friends. The elders also tell of another interpretation of Oike: the striking of one thing against another. The striking, the collision here, is that of Oike against Korekore, and because the Korekore group of nights is one of the most well-known and influential periods of the Māori lunar month, they do not shift. They remain immovable, even when Oike strikes. There is only one outcome: they join, they meld together.

Some of the energetic and enquiring old people of my time enjoyed planting trial plots during Oike to test whether the Takirau effect of 'small but many' persisted past itself or not. It was a personal choice, revealing clearly the spirit of enquiry and the need to know and deepen the people's knowledge. The majority accepted what was, and did as they had done before. There was an itch and inquisitiveness, however, which

Ko ētahi atu, ka hiahia tonu kia hōhonu atu, kia whānui atu tō rātau mārama ki tō rātau nei ao.

led those with an enquiring and scientific mind to experiment and find out more and more about the world they lived in.

5. KOREKORE TUATAHI

5. KOREKORE TUATAHI: NOTHINGNESS, EMPTINESS

6. KOREKORE RAWEA

6. KOREKORE RAWEA: NATURE IS CLOSED UP

7. KOREKORE WHAKAPIRI

7. KOREKORE WHAKAPIRI: INSUBSTANTIAL

Mā ō rātau ingoa anō e whāki he pēhea te āhua o tēnei wā. Karekau i te nekeneke ahakoa he aha te aha i runga i te mata o te whenua. Kai te kōpīpī ngā mea katoa. He moumou kaha noa ki te haere ki te moana, ki ngā awa, ki te rumaki hoki. E kore rawa e kitea te ngahurutanga o ēnei whakanana. E ai ki tā ngā pakeke, tirohia ngā kai i whakakaotia i ngā wā mōmona o te maramataka. Kai reira, he oranga mō te whānau i roto i ngā rā o te Korekore.

The very names of the three Korekore tell clearly what sort of period this is. It is said by the old people that nothing whatsoever moves across the face of the earth during the Korekore time. Everything that directly impacts on the survival of the people is in shut-down mode, is closed up and is doubled over. It is wasteful of energy, time and effort to go to the sea, to go to the rivers and to plant. Any undertaking during Korekore will bear no fruit. It is time to rely on resources gathered and stored during the fruitful periods of the month. That is where the sustenance for the whānau will come from.

He wā kē tēnei kia huri ake te aroaro ki ētahi atu o ngā mahi a te tangata. Ki ngā wānanga, ki ngā mahi toi me ērā atu, me ērā atu. He whakatikatika haere tonu hoki i ngā taputapu, i ngā māra, i ngā mahi whānau. Ko te tuatoru o ngā Korekore e kīia ana e Te Whānau-ā-Apanui, ko te Korekore Whakapiri. Kua whakapiri ki ngā Tangaroa. Kua tīmata te ohooho o ngā tohu pai o te

This is an appropriate time to turn instead to other personal pursuits. To hold learning courses and pursue community issues, artistic development etc. Also to keep the tools and equipment of the families in an excellent state of repair. Te Whānau-ā-Apanui refers to the third Korekore as Korekore Whakapiri: the Korekore that is closing in on Tangaroa. Some re-awakening

wā. Ki te tino hiahiatia he ika mō te kai pō o tēnei rā, whakamātaungia te ahiahi, tērā pea, ka waimaria. Engari, kia mahara, āpōpō tonu ngā Tangaroa ka tae mai.

Ko te Korekore Tuatahi anake ia. Kāre he kupu kē atu hai whakamārama i tōna āhua:

Ko ahau te Korekore Tuatahi. Kāre he kōrero i kō atu. Kua mutu ahau i konei.

Engari ko te Korekore Tuarua i ingoatia e Te Whānau-ā-Apanui ko te *Korekore Rawea*. E whakaatu ana i te tino kikī o te kati o ngā kuaha o te maramataka. Tērā tētahi kupu tohutohu e rangohia ana i a mātau e tamariki ana:

Whakaraweatia ngā kete kāwhiu.

I ērā wā āta rarangatia ai e ngā māmā, e ngā kuia he kete motuhake hai hari mā ngā kairuku o te whānau ki te moana. He kāwhiu te ingoa o ngā kete nei. He kete nunui mō te ruku kaimoana anake. Kore rawa mō tētahi atu mahi. Ka mutu te ruku ka horoia ki te waimāori, ka whakairia kia tae rawa ki te wā e ruku kaimoana ana ai. He whānui te raranga o te kāwhiu, ā, ka whakauruurua he taura ki te tapa puare o runga. Kia kī i te kuku, i te pāua, i te kina (koianei te mahi ake a te kāwhiu), ā, kia kore ai e ngahoro ēnei ki waho. Ka kumea te taura o runga kia kikī tonu, kātahi ka tīmata te kauhoe ki rahaki. Koiana hoki te āhua o te Korekore Rawea, kai te hereherea kia kikī tonu. E kore tētahi mea e puta ki waho. Ko

of the good signs is happening. Try a line in the water on the afternoon of this day. One might be lucky, but remember Tangaroa will arrive tomorrow.

The first Korekore stands alone. There are no other words to embellish its nature:

I am the first Korekore; there is nothing more to say. I am complete.

But the second one, named by Te Whānau-ā-Apanui as Korekore Rawea, describes absolutely how closed up everything is: the doors of the lunar month are tightly shut. There was an instruction often heard during our childhood years:

Sew the diving kits as tight as Rawea.

In those days the divers of the family were provided with special diving kits called *kāwhiu*. They were very large, and used exclusively for diving. The mesh was an open weave, and a woven cord was interlaced through the top rim. When it was full of mussels, or *kina* or *pāua* (for which a kāwhiu was intended) and to prevent the loss of anything, the interlaced cord was pulled very tightly and tied, and then the swim ashore was undertaken. That is how Korekore Rawea is. Closed up and sewn tightly together. Everything is imprisoned. 'Sit patiently and wait. The good times are not far away.'

ā rātau tohutohu, 'E noho, kia manawanui, tatari. Kāre i te tawhiti ngā wā pai'.

Ko te Korekore tuatoru i ingoatia ko te Korekore Whakapiri, he āhua paku rerekē nei. Ka whakapiri mai ki ngā Tangaroa ka tīmata tēnei pō ki te whakaatu haere i te āhua o ngā rā pai kai te haramai. Mehemea ki te kore e tarea te tatari, whakamātaungia te ahiahi o te Korekore Whakapiri nei. Ki te waimaria, tērā pea, ka mau he ika mō te kai ahiahi a te whānau. Engari kia mahara, āpōpō tonu ka tīmata ngā rā tino pai o te maramataka. Mehemea ki te whakamātaungia, tere tonu te mōhio o te tangata whakaaro, he pēhea te āhua o ngā Tangaroa āpōpō. Ki te āhua pēhi te tāmure, te nguture, te tarakihi i te mōunu, ki te āhua tākiri rānei te kaikai mai a te kahawai me te tarakihi, he tohu pai katoa ēnei mō āpōpō. Kia maumahara, i ngā wā katoa, āpōpō kē, ka āta kitea te tino ngahurutanga o ngā rā e whitu mai i a Tangaroa ki te Ōmutu. Āpōpō a Tangaroa-ā-mua me ōna tohu ātaahua, ka tae mai.

The third Korekore, known as Korekore Whakapiri, has a little difference. As it closes with the coming of the Tangaroa period, it begins to reflect the fertile, productive times ahead. If there is impatience to start fishing, try the afternoon of Korekore Whakapiri. One could be lucky and catch a few. But know also that the most productive period of the maramataka is only a day away. If Korekore Whakapiri is tested an experienced person will certainly know. And based on the response of fish and eels to the bait, the experienced person will certainly know what tomorrow's Tangaroa will be like. If inshore fish varieties like snapper, *nguture* and *tarakihi* apply weight and downwards pressure to the bait, or pelagic varieties like *kahawai* and trevally strike the bait with some earnestness, those are good signs for tomorrow. But the final confirmation of the true generosity of the coming seven-day period, from Tangaroa until Ōmutu, rests with the signs exhibited by Tangaroa-ā-mua itself, which means 'tomorrow night'.

8. TANGAROA-Ā-MUA

9. TANGAROA-Ā-ROTO

10. TANGAROA WHAKAPAU

11. TANGAROA WHĀRIKI KIOKIO

12. ŌTĀNE

13. ŌRONGONUI

14. ŌMUTU

8. TANGAROA-Ā-MUA: IMPROVING WITH THE EVENING

9. TANGAROA-Ā-ROTO: PRODUCTIVENESS FROM WITHIN

10. TANGAROA WHAKAPAU: WIDESPREAD PEAK PRODUCTIVENESS

11. TANGAROA WHĀRIKI KIOKIO: COMPLETE FULFILLED PRODUCTIVENESS

12. ŌTĀNE: BLESSINGS FROM TĀNE (GOD OF CREATION)

13. ŌRONGONUI: ALL-PERVADING POSITIVENESS, EMPOWERED BY RONGO (GOD OF GROWTH)

14. ŌMUTU: CLOSURE APPROACHING

Ka whakakotahihia ēnei pō e whitu o te maramataka ki konei nō te mea koianei ngā pō taumata, te wā mōmona katoa o te maramataka. Koianei te wā e hihiko ai te nekeneke a te tangata i te pō, i te ao, i te ata pō, i te kaunenehutanga, ki te rumaki, ki te whakakao i ngā homaitanga o tēnei wā o te maramataka. Koianei te wā kai te oreore ngā kararehe i te moana, i ngā awa o ngā wāhi katoa. He ngāwari te mau o te ika, o te koura, ka kitea te nui o te tuna, e haere

These seven nights of the lunar month have been grouped here because this is the peak of the fertile period, the most productive quarter of the month. There is an atmosphere of expectancy around. Visions of luxuriant growth dominate people's thinking. The rivers and the sea burgeon with life and will provide an excessive food source for all. This is the time of the month when people become energised and move with vigour and purpose into planting programmes, and

ana i roto i ngā awa. Ngāwari noa te kī o ngā kete kai. Koianei te wā āta noho noa ai ngā kararehe o te pō, anā, he ngāwari ki te rama. Kāre ngā pāpaka e taki omaoma pērā i ngā pō mārama o te Rākaunui, o te Rākaumatohi. Āta takoto whārōrō noa ai te tuna i roto i te wai, arā, kua kitea hoki e uta ana i ō rātau māhunga ki runga maramara peka rākau, ka moe, kātahi ka huri haere noa i roto i te au o ngā au ripo o te awa. Ko tā te kaipīhuka, he tatari noa kia tata haere mai ngā mea nunui ki te tapa, kātahi ka pīhuka mai ki rahaki. I roto i ēnei pō o te maramataka ka tarea e te tangata te tohu ko ēhea o ēnei tuna hai tango mai ko ēhea e waiho mō tētahi atu wā.

Koianei te wā e aupiki ana ngā mea katoa e pā ana ki te kohi kai. Kua āhua kitea kē te tīmatatanga o tēnei āhua i te ahiahi pō o te Korekore Whakapiri. Ahakoa anō, ko te Tangaroa-ā-mua, ā-raro o ngā Tangaroa katoa, engari mārakerake ana tōna wehenga mai i ngā Korekore. Mō te hī ika i kai timotimo inanahi, i te Tangaroa-ā-mua nei, kua tōtōia te mōunu, kua ruiruia. Ā, mehemea he koi te tangata hī, he tino nui ngā ika ka tae ki te kāinga.

Ētahi kōrero mō ia pō o tēnei whitu rā o te maramataka, mai i a Tangaroa-ā-mua ki Ōmutu: kai roto i tēnei whakarōpūtanga e noho ana ngā ingoa o Tangaroa, o Tāne, o

gathering what is on offer. This is the time of the month when there is much movement in the sea and in the rivers. Fish and crayfish are easy to catch, eels abound and large hauls are ensured. *Kete kai* (food baskets) are easily filled. This is the time when the creatures of the night are strangely docile and can be taken by torch light with little difficulty. Crabs don't scamper away as they did on the earlier, moonlit nights. Eels lie stretched out and still in the water. Or even float around in circles in the swirl of river pool eddies, their heads resting on bits of flotsam. If the eeler is lucky enough to chance upon this natural Tangaroa phenomenon he merely waits for the biggest to float close to the edge of the river pool and then hooks it ashore. Thus the Tangaroa period can often provide opportunities for selective fishing. To take the best and leave the rest for another time.

This is the time when everything associated with gathering food is on an upswing. Signs of improvement would have been noticed during the evening of Korekore Whakapiri, and although Tangaroa-ā-mua is the least bountiful night of this period, it is clearly different from the Korekore period. Whereas fish nibbled hesitantly earlier, the bait is now dragged around and shaken vigorously. If the fisherman is any good there will be poached snapper fillets for dinner tonight.

The following are notes on each of the nights of this eight-day period of high fertility from Tangaroa-ā-mua to Ōmutu. The names Tangaroa, Tāne and Rongo

Rongo, ērā o ngā uri a Papatūānuku rāua ko Ranginui.

which appear in this grouping are three of the children of Papatūānuku (the Earth Mother) and Ranginui (the Sky Father).

8. TANGAROA-Ā-MUA

Āta tirohia tēnei o ngā whakaingoatanga o tēnei o ngā pō Tangaroa, ka mārama noa ki tōna āhua. Ko ōna kōrero anei. I te pō tuawhitu mai i te Rākaunui e kīia ana e Te Whānau-ā-Apanui ko te Korekore Whakapiri tēnei, te toru o ngā Korekore. Ko te tikanga o tēnei, mā te Korekore Whakapiri nei e whāki he pēhea te āhua o ngā Tangaroa, kai te whai ake. Mā te Tangaroa-ā-mua nei, e whakapūmau te āhua, o te roanga atu o ngā Tangaroa katoa. He pai tonu i ētahi wā ki te maka atu i tētahi mōunu nei ki roto i te wai i te ahiahi o te Korekore Whakapiri. Kai te āhua o te kaikai mai o te ika, o te tuna ka tarea e te tangata mōhio te whakatau he pēhea te āhua o ngā Tangaroa āpōpō. Ki te āhua taumaha te pēhi mai o te tāmure, te nguture, te tarakihi, te tākiri rānei a te araara, a te kahawai, koiana ngā waitohu pai mō āpōpō. Engari, ko te kōrero whakamutunga anō mō te tino āhua o ngā Tangaroa nei, tae noa ki te Ōmutu, ko tēnei te wā mōmona o te maramataka, e whitu rā te roa.

8. TANGAROA-Ā-MUA: IMPROVING WITH THE EVENING

Careful attention to the naming of this night of the Tangaroa period reveals its own message. Some years are better than others, of course, but the seventh night from Rākaunui, according to Te Whanau-ā-Apanui knowing, is the night when the third and last of the Korekore (Korekore Whakapiri) closes, and as it does so it begins to leave indications of what the coming Tangaroa period will possibly be like. And it is during the first night of Tangaroa, Tangaroa-ā-mua, that the true nature of the rest of the Tangaroa period will be confirmed. Although at the bottom of the Tangaroa scale, the arrival of Tangaroa-ā-mua brings with it a different set of indicators from those of Korekore Whakapiri. The beginnings of the change would have been noticed in the evening of Korekore Whakapiri yesterday.

9. TANGAROA-Ā-ROTO

Mehemea i pai ngā whakaaturanga o te Tangaroa-ā-mua, ka hikina ngā tohu nei ki

9. TANGAROA-Ā-ROTO: PRODUCTIVENESS FROM WITHIN

This night is known for its own special features. It is said that this is the night of the

runga atu i tēnei rā tae noa ki te kionga o ngā Tangaroa. Mai i konei ka whakapapatahi atu ngā tohu pai o tēnei wā puta noa i a Ōtāne i a Ōrongonui ki te Ōmutu. Hai te Mutuwhenua ka heke whakararo te āhua o te maramataka nei. Kāre noa i nui rawa atu ngā kōrero i rongohia mō Tangaroa-ā-roto. Heoi, e mōhio whānuitia ana koianei tētahi o ngā pō o te wā mōmona o te maramataka Māori. Ka huri whakaroto ake te maramataka i tēnei wā ki te whakapūmau i tōna āhua. Anā, e whakaatu nā i roto i te ingoa – Tangaroa-ā-roto. He pō pai mō ngā mea katoa. Kai te tākiri te kai a te ika, a te tuna. Kai te ngawiki ngā kararehe o ngā toka i te pō, pēnei i te pāpaka, i te kehe, i te pūpū. Kai te haere te tini o te koura i te kaupapa o te moana. Tukuna ngā tāruke, ngā kupenga ki te moana, ngā hīnaki ki ngā awa. Rumakitia ngā kai huawhenua ināianei.

lunar month when the moon turns inwards into itself, to inspect and make sure that the mechanisms of fertility are functioning at maximum level. The name Tangaroa-ā-roto reveals this. It is also a time when fish and eels attack the bait recklessly. Crabs, *kehe*, *pūpū* and other rock-dwelling creatures abound. Crayfish are on the move. Put the *tāruke* (traditional crayfish trap) and nets out. If it is the right season, plant vegetables out for the time ahead. This is the elders' advice during this time. And if the signs of Tangaroa-ā-mua were good – and they usually are – Tangaroa-ā-roto will be better, and so on through to Tangaroa Whāriki Kiokio, when this period peaks, plateaus through Ōtāne, Ōrongonui and Ōmutu, and drops away quickly at Mutuwhenua.

10. TANGAROA WHAKAPAU

10. TANGAROA WHAKAPAU: WIDESPREAD PEAK PRODUCTIVENESS

11. TANGAROA WHĀRIKI KIOKIO

11. TANGAROA WHĀRIKI KIOKIO: COMPLETE FULFILLED PRODUCTIVENESS

Ko ngā kaikōrero, mai o te iwi, e whakatakoto ana i te Tangaroa Kiokio (te Tangaroa Whāriki Kiokio ki ētahi) ki konei, ko te pō tekau o te maramataka. Ko ētahi anō ka waiho kē ki te pō tekau mā tahi. Kai runga i ngā kōrerorero maha ki ngā tohunga i roto i ngā tau ka puta tēnei whakaaro o ngā pakeke. Ehara kē tēnei i te take rawa hai tautohetohe, hai whakamātau. Mehemea ko Tangaroa

Some informants place Tangaroa Whāriki Kiokio (or Tangaroa Kiokio, as it is sometimes referred to) as the tenth night of the lunar month. Others in the tribal area place it at number eleven, and Tangaroa Whakapau at number ten. Talking about this juxtaposition with key people over the years, it is evident that the elders are quite relaxed and flexible about either positioning.

Kiokio kai mua koia tēnā. Ko te mea nui kē hai mōhio ko Tangaroa Whāriki Kiokio rāua ko Tangaroa Whakapau ngā pō taumata o te wā tino tiketike o te maramataka. Ka neke atu rāua he reanga kē e kore e tarea te whakarite. He nui ngā pakeke e kī ana, nō te mea koianei te āhua o ngā pō e rua nei, kāre noa he rerekētanga ko tēhea kai mua ko tēhea kai muri. Nā runga tonu i tō rāua tino āhua i tarea ai te nekeneke i a rāua. I te mutunga, waiho pai noa ai te take nei ki konei, ka neke ngā whakawhitiwhiti whakaaro ki ērā atu take nunui. Ka waiho ake te Tangaroa Whāriki Kiokio me te Tangaroa Whakapau nei mā tēnā, mā tēnā e whakatau.

Ka whakaurua atu ki tēnei tuhinga tētahi whakaaro i whiriwhiria, i wetewetea e mātau ko aku hoa i roto i ngā tau. Ehara tēnei i te whakahē ki te āhua ngāwari o ngā pakeke. Rātou i ārahi i a mātau i roto i ēnei mahi. Rātau i tino kite, i tino mōhio ki te hōhonu, ki te ātaahuatanga o ō rātau nei mātauranga. Anā, ngāwari noa ki a rātau te whakawhānui atu, te neke atu he wāhi hou kē. Inā rā, nō mātau o tēnei whakatipuranga ēnei whakaaro. Anā, koianei hoki te āhua o te tipu o te mātauranga i roto i te wā. E ai ki tā rātau i kī ai.

Tēnā pea, ka tarea te whai i te pūtaketanga mai o te 'kiokio' wāhi o te ingoa o te pō nei ki ngā tā moko ki runga o te rae, he kiokio anō te ingoa. Ko te whakanoho o ēnei tā moko ki runga tonu i te rae e whāki mai ana,

The fact that these two nights, Tangaroa Kiokio and Tangaroa Whakapau, are the two best nights of the best period in the lunar month puts them in a position of the utmost elevation in comparison to anything else. Many elders say that as these two nights are in this unique category they can be interchanged and it makes no difference. Hence if one positioning is used, it is accepted; if the other appears it may generate some discussion, but in the end attention moves to other more vital discussions, and Tangaroa Kiokio and Tangaroa Whakapau are left to individual preference.

In this thesis I record a point of view I and my peers have heard a few elders mention. We have pondered over the appropriateness of each reference and marvelled at the great ability of the old people to cross-reference and use images from other sources to pinpoint shades of meaning. This view is another example of the flexible stance of the elders who guided us in these matters. We, the modern students of the lunar month, feel that these elders were so enamoured with the beauty of the knowledge that they had that boundaries were sometimes extended and new freedoms prescribed. We were told by them that that is the burgeoning nature of knowledge.

Some of the elders said that the Tangaroa Kiokio could possibly be traced to the *tā moko* (tattoo) apex lines on the forehead which are called *kiokio*. The placement of these kiokio lines on the forehead presents

ko te Tangaroa Kiokio nei te taumata o ngā pō Tangaroa. Ko te Tangaroa Whakapau nei e kī mai ana: 'Ko ahau te mutunga o ngā pō taumata o te wā o ngā Tangaroa'. Heoi, he koha hei tāpiri atu hai whakatau ko tēhea te pō tekau, ko tēhea te pō tekau mā tahi. Kua kōrerotia e ētahi i roto i ngā tau, ka waiho ake ki konei hei whakaaro.

He pūrakau hai whakapiri ake ki te Tangaroa Kiokio nei: nā tētahi o ō mātau koroua, ko Te Mārama te ingoa. He tangata matatau ki ngā mātauranga o te ao Māori. Engari, he 'hātakēhi' i ētahi wā. E kore te tangata e mōhio mehemea kai te kōrero tika mai, kai te pārete noa rānei i a koe ki tētahi wāhi e kitea ai tō kuaretanga, e noho ai koe hai kata mā te tangata. I roto i ngā tau kua mōhio noa mātau ko ēhea o āna kōrero he tika, ko ēhea he 'hamupaka'.

I ērā wā, ka titiro hāngai mai ki a mātau, kore e kimo, ka kōrero:

> *Ko te kio nei, he whakapotonga nō te kupu kiore. Koianei te pō o te maramataka e puta ai ngā kiore e rau atu, e rau atu ki te whānako i ngā kai a te whānau, a te hapū. Ki te kore e tūpato ka pokea ngā pātaka kai a te iwi, ka mate te tangata i te kore kai. Me kore koutou e moe i taua pō. Me tahutahu ahi koutou i waho i ō koutou kāinga, ka mau he rākau mānuka hai whaiwhai, hai patupatu i ngā kiore e kitea e koutou.*

a powerful parallel with Tangaroa Kiokio being the apex of the Tangaroa period. It has reached its ultimate peak. And the other night of the two, Tangaroa Whakapau, denotes complete, fulfilled productiveness. So this is another level of the discussion as to which should be the tenth night and which the eleventh. It may have only remote relevance but it has been discussed by a few elders and many of my own generation.

A final story of Tangaroa Kiokio from one of our elders named Te Mārama. He was a person well versed in the various knowledge bases of the Māori world. But he was a 'hard case' sometimes. One never knew whether he was serious in his teachings or merely leading one up the proverbial garden path to expose ignorance and naivety and leave you there as the butt of some public embarrassment.

In those days he would look us straight in the eye, without blinking and would say:

> *The kio in that name is an abbreviation for kiore. That is the night of the lunar month when hoards of rats come out to rob and eat the food supplies of the people. If people don't take precautionary measures the food storehouses will be raided and there will be starvation. You must not sleep that night. You must go outside and light fires around your houses, arm yourselves with short stout mānuka sticks and chase and kill all the rats that you see.*

Mehemea i puta ētahi ki waho i runga i āna tohutohu, tahutahu ahi ai, tatari ai kia ngawiki ngā kiore o te Tangaroa Kiokio, ka patupatu ai mā ā rātau rākau mānuka, kore rawa tētahi i whāki. Mōku anō, i ērā wā, i noho whakakeke i roto i te whare me te tōti, me te rākau hoki kua whati, tatari ai kia rongohia ngā kiore nei e whānako kai ana, kātahi ka puta atu ki te patu.

Engari kāre hoki au i whāki ki aku hoa i pērā ahau. Kāre hoki rātau i whāki mai ki ahau i aha rātau. Ki taku whakaaro i wāhi whakapono katoa mātau ki te kōrero a te kaumātua nei a Te Mārama, me te whakapae i a ia te kata whakamutunga. Me te aha hoki, me te koa ake ki tēnei āhua. Ahakoa he mātauranga tawhito, nō neherā mai, ka tarea tonu te mau he paku ngahau nei, he mahi whanoke, i te taha o ngā mōhiotanga tawhito o ngā tīpuna. Koiana ngā mea mō Tangaroa Kiokio, Tangaroa Whāriki Kiokio rānei me Tangaroa Whakapau, ka tarea e tēnei rangahau te whakaatu.

12. ŌTĀNE

Kai te mau tonu ki ngā taumata o te wā mōmona o te maramataka. Ko rātau ka haere ki te moana hōhonu ki te hī, he kōrero ā rātau mō tēnei wā o te maramataka, arā:

Whether some went outside according to his words, lit fires and waited with mānuka sticks for the anticipated invasion of rats, no one ever did say! For myself I would lie awake at night, absolutely quiet, waiting for the dreaded rush of marauding rats. I knew where my torch was, and where a broken hockey stick was, but I never did go out and kill anything.

Nor did I tell the others what I was thinking; nor did they tell me what their secrets were. I have often thought back to what our elder Te Mārama said about Tangaroa Kiokio. I suspect we younger ones all partly believed his version, and I suspect too, in retrospect, he knew this and quietly had the last laugh at our expense. As we grew up, and over years with him, we did learn when he was deadly serious and when he was being a 'humbug'.

12. ŌTĀNE: BLESSINGS FROM TĀNE (GOD OF CREATION)

This is still at the height of this seven-day fertile period of the lunar month. The fish of the sea strike with exciting accuracy. So do the eels of the rivers and the creeks. Those who mount deep sea fishing expeditions have invented some quite piquant maxims about this period of abundance:

He ngaronga toati
He toronga taratara tūtū.

I te kaha o te tākiri a te ika, kāre e roa ka ngaro ngā toati o te waka ki raro i te tāmure, i te hāpuku, i te tarakihi, i te aha atu, i te aha atu rānei. Anā, ko ngā taratara anō o aua ika ka toro, ka tūtū ngā ringa me ngā waewae ki te kore e tūpato. Ko ēnei mea katoa, e kōrero ana mō te āhua o Ōtāne. Ka whakamārama ngā pakeke, 'Mahia ngā mahi katoa, te rumaki, te ruku, te rama, te tuku tāruke, te kohi i ngā kai o ngā toka, anā hoki te atua nei a Tāne kei te awhi i a tātau.'

13. ŌRONGONUI

Anā, kai te hora whānui tonu ngā rongonui o ngā rā pai e whitu nei. Pērā anō te āhua o te Ōrongonui nei i ērā rā e rima kua pahure ake. He pō tino pai mō ngā mea katoa. Kāre noa e whakahokia aua kōrero. Heoi, kia mataara tonu ngā whakaaro kia hihiko te tinana, te hinengaro hoki. Whakapaua ngā kaha ki te whakakī i ngā pātaka kai. Arā, tērā o ngā tohutohu a ngā pakeke:

Tama tū, he tama ora
Tama moe, he tama mate.

The cross beams of the boat disappear
The erect back fins pierce.

The fishing is so good; it doesn't take long before the boat is full and the cross beams disappear beneath snapper, groper, tarakihi, kahawai or whatever is targeted. And with so many erect back fins in the boat, if people are careless, hands and legs will be spiked. These sayings refer to the rich hauls expected of Ōtāne. The elders advised, 'Do everything at this time. Seasonal planting, diving, torching at night, setting out crayfish pots, gathering crabs and *pūpū* from the rocks. Tāne, the god of growth, will take care of us.'

13. ŌRONGONUI: ALL-PERVADING POSITIVENESS, EMPOWERED BY RONGO (GOD OF GROWTH)

The all-pervading positive messages of this seven-day abundant period persist. Ōrongonui is the same as the last five days of productiveness. A very good day for everything: it proves little to repeat the same descriptions again. The requirement is for high industry; high levels of energy physically and mentally. Expend as much energy as possible to replenish the food stores of the community. The elders appropriately quote the following adage at this time:

The working person flourishes;
The idle one suffers hunger pangs.

14. ŌMUTU

Kua kitea atu te tapa o te mutunga i tēnei rā. Kua mōhiotia, koianei te mutunga o ngā rā pai, o ngā rā pai o te maramataka.

Ahakoa tonu kai te mau pūmau anō ki ngā tohu pai o ngā rā e ono ka mutu ake nei. Nā reira, he pērā anō ōna kōrero ki ēnei i runga ake nei. He rā tino pai mō ngā mea katoa. Engari he tohu anō kai roto i te ingoa nei. Wetewetea, anā, kua kitea tēnei nā – kua mutu.

Tērā anō tētahi kōrero tāpiri a Te Whānau-ā-Apanui mō te Ōmutu nei. Kua mau pūmau kai roto i tētahi o ngā whakatauākī e rongohia ana i roto i ngā nōhanga o ngā tohunga pupuri kōrero o te iwi:

E rite ana ki te īnanga e rere ana i te Ōmutu.

He kōrero e pā ana ki tētahi mea mīharo ka kitea i ētahi wā o te Ōmutu; i ngā wā e whakakīkī ana te īnanga ki roto i ngā awa. Ki te waimaria tētahi ki te noho i te wahapū o te awa i te wā tika, ka kitea e rewa ana ngā tere īnanga ki waho o te wai ka rere mō tētahi wā poto nei ka ngaro atu anō. Ka puta, ka ngaro anō; ka korara, ka huna i roto i ngā toka, i ngā wāhi pōuri rānei o te awa; kia kore ai e pau i ngā tere kahawai me ērā atu ika kai te whai i ngā punua ika nei hai kai.

14. ŌMUTU: CLOSURE APPROACHING

The edge of the plateau can be seen from Ōmutu. The 'knowing' that this is the end of the good days, the end of the fertile period of the lunar month, is now certain.

However, the good lunar signs of the immediate past six days still persist strongly within this Ōmutu day. It still chronicles the same signals of productiveness, lushness and exuberance. But then the very name, *Ō-mutu*, tells its own story. 'Closure is approaching.'

Te Whānau-ā-Apanui has an interesting additional commentary on Ōmutu. It is codified in a proverbial saying sometimes heard in formal situations:

Like the flight of the whitebait during Ōmutu.

It is a reference to a natural phenomenon which sometimes occurs during Ōmutu, at the height of the whitebait season. If one is lucky enough to be in the right place at the right time, whitebait can be seen to literally lift out of the water en masse and seem to fly as they disappear further up the river estuary. The process could be repeated several times, until the little fish disperse to find a safe hiding place among the rocks and the dark places of the river bank, safe from the marauding attentions of the following schools of haku, kahawai and kōheriheri.

Ka nanaotia e ngā tohunga hanga kōrero o Te Whānau-ā-Apanui te whakaahua nei, ka whakaritea ki te ope taua kua hinga, e whati ana, e oma noa ana, e kāhaki ana i ō rātau tinana kai karawhiua e rātau kua toa i te pakanga. Kai roto i ngā kōrero tuku iho o Te Whānau-ā-Apanui e noho ana ētahi o aua pakanga i aukatitia ai te hoariri, i puta ai ngā toa taua o te iwi ki runga. Ko tērā, tērā. Kua rongohia anō hoki ngā kupu nei e whakamahia ana hai whakarite i te hekenga o te iwi Māori ki ngā taone noho ai, o ngā tamariki rānei i whati ki ngā kura o waho i te rohe.

The creative orators of the marae, using a little poetic licence, have often taken the imagery in this occurrence to describe such movements as the 'urban drift' of the 1940s, 50s and 60s, the passage of rural primary school learners to boarding schools and even the migration of young adults to the freezing works of Auckland and Dunedin, the cheese factories of Taranaki, the pine forests of Kaingaroa and the paper mills of Kawerau. 'Like the flight of the whitebait during Ōmutu' was an apt description. Historically too the same imagery was used to describe military routs where the defeated were forced into headlong and panic-stricken retreat. There are incidents in the early history of Te Whānau-ā-Apanui where this flight of the whitebait has been used to describe the successful military campaigns and deadly ambushes laid by tribes, military leaders and warlords of the time.

15. MUTUWHENUA

15. MUTUWHENUA: LANDS END. THE TERMINATION

Titiro ki te ingoa nei ka mārama. Kua mutu ngā mea katoa o te whenua. Kua mate te marama, anā, ko tōna mutunga hoki tēnei. Ka kīia e ngā pakeke, 'Kua mate te marama'. Hai konei hoki ka hāngai ko tērā o ā rātau kōrero, 'Engari ka ea anō.' Tēnā, kia waiho ake te *Mutuwhenua* nei mō te wā poto, kia peka ake ki te whakamārama i ēnei kōrero whakataauākī. E rongohia ana i runga i ngā marae i ngā wā o te tangihanga o te poroporoaki:

A quick look at the name of this night makes the meaning clear. Everything on the land is coming to an end. The lunar month is in a state of suspension. The moon has gone into recess, and its work at this time has finished. The elders say: *'kua mate te marama'*: the moon has died. Here also it is appropriate to mention their other utterance: *'engari ka ea mai anō'*: but it will rise again. These sayings are heard on the marae during funeral orations:

Engari te marama ka ea ake anō i tōna matenga, ko koe e hika kāre he hokinga.

Unlike the moon which will rise again, you, dear departed friend, will never return.

Koianei tētahi o ngā whakamahi i ēnei kupu. Arā noa atu ōna rerenga maha. Mā te kaha o te hinengaro, o te kai raranga kōrero, ki te kimi i ērā atu whakatakotoranga i runga i tāna i hiahia ai, e ora tonu ai ēnei whakatakoto kōrero a ngā pakeke. Ehara tēnei pō i te wā pai mō ngā mahinga kai, mō te haere hoki ki te moana. Ko te wā kē tēnei mō ngā mahi o te kāinga mō te kōrero, mō te whakaaro, mō te whakawhanaunga, mō te pāinaina i roto i te rā. Koianei te kōrero poto o tēnei pō whakamutunga o te maramataka. Kua tutuki ngā mahi i whakaritea mō nāianei. Kua ngehe te hinengaro, te tinana, kua tau te rangimārie, kua haere ngā mahara he wāhi kē. Me te mōhio anō kāre e roa ka hoki mai anō aua mahi o mua, aua whakahaere ki runga i te tangata, ahakoa ko wai.

This is but one of the ways references to the Mutuwhenua moon are used in this context. There are other variations, entirely dependent on the imagination and the skill of the word-weaver. The references keep the knowledge of the old people alive. This is the brief message of this last day of Mutuwhenua: it is not a good time for gardening or for the sea. It is rather a time for the home chores, for contemplation, for strengthening relationships, and if it is a time of good weather, relaxing in the sunshine. The work for now is finished. The soul and body relax into a state of calm and peace. The mind is free to address other pursuits. But be mindful always that previous activities and responsibilities will soon return to everyone, no matter who they might be.

TAKATAKAPŪTEA

Kua tika i tēnei wā ki te kōrero mō te Takatakapūtea, i te pō tārewa e whakamahia ana i ētahi marama e kore ana i ētahi. Āpōpō, mai i te ataakura ki te atatū tonu ka puta ngā pakeke ka mau atu te whākana ki taua wāhi o te pae e mōhiotia ana ka puta te marama hou. He mahi tino tohunga tēnei, ā, e kīia ana ko rātau anō e tino pūmau ana ki te wairua o te maramataka ka puta i ēnei wā o te ata pō ki te tūtaki i te marama hou. Anā, kia tino karu tonu, kia tino mārama tonu te kawe i tēnei mahi. Nō te mea ki te kore e kitea te marama hou e whakatātare mai ana i te pae,

It is now opportune to examine the role of Takatakapūtea: that one special night of the lunar month arrangement which is held in abeyance until required. On the morning after Mutuwhenua, the elders would arise early, take up a vantage point, and concentrate on the spot on the horizon where the new moon is expected to rise. This is a vital task, to be undertaken with care and accuracy. At the red tip of the pre-dawn through to daybreak until sunrise, the lunar student searches for the momentary appearance of the new moon above the

kua mōhiotia, ā, hai te pō rawa a muri atu i āpōpō ka ea taua marama hou. Ka mahue he wāhi kore ingoa ki konei kua mōhiotia anō hoki, e toru tekau mā tahi kē ngā wehenga o tēnei kaupeka o te tau. Hai konei ka tīkina atu te Takatakapūtea nei, ka whakanōhia ki konei hai pupuri i te wāhi kore marama hou nei.

Engari mehemea i kitea te marama hou e puta ana i te pae i te ata i muri mai i Mutuwhenua, kua whakatārewatia a Takatakapūtea mō te wā ka hiahiatia. I kō atu i tēnei kāre noa he tino kōrero rawa mō Takatakapūtea nei. Ko ngā wā whakamutunga ēnei o te maramataka. E ōrite ana ngā kōrero mō tēnei pō pērā mō Mutuwhenua. Anā, kua tae mai tātau ki tētahi anō wāhanga o te maramataka nei.

16. WHIRO

Ko Whiro atua rā tēnei. Ko tētahi o te whānau a Ranginui rāua ko Papatūānuku. Ka noho taina ia ki a Tāne, ki a Tangaroa mā. He motuhake anō te āhua o Whiro. Nōna anake tōna āhua, tōna anō mana, me ngā mahi i whakaritea e ngā atua o te Orokohanga hai kawe māna.

Koianei a Whiro, atua o ngā mahi āhua kino. E kore e tino mōhiotia āna mahi tūtūā, āna mahi tūātea. Kia tūpato tonu i tēnei atua. E ai ki ngā pakeke, ki te kore ērā e tau, he raruraru, tērā e whara.

horizon. If the new moon is not observed peeping above the horizon at this dawn time then it is known that this month is one day longer than other months of the year. It has thirty-one, instead of thirty, days. When this happens Takatakapūtea is placed in this gap, to hold and to fill this new-moon-less space.

On the other hand, if the new moon is seen on the horizon on the morning after Mutuwhenua, Takatakapūtea is suspended and held back until required. If Takatakapūtea is required, it is, like Mutuwhenua, part of the closing down time of this part of the lunar month, and exhibits features similar to those of Mutuwhenua. We now come to another phase of the lunar month.

16. WHIRO: BE AWARE WHIRO LURKS, PEERING OVER THE HORIZON

This night is named after the god Whiro, another child of the family of Ranginui and Papatūānuku. Whiro is one of the younger brothers of Tāne and Tangaroa. Whiro has his own personality, his own aura, his own godly role pre-ordained and bestowed upon him by the celestial powers of creation.

This is Whiro: god of dubious intentions, sometimes of sinister purpose, sometimes the obnoxious one. The elders advise caution and care whatever one does at this time. If carelessness occurs, trouble will be attracted: this is the nature of Whiro.

I te ata moata tonu, i muri iho i a Mutuwhenua, i a Takatakapūtea rānei kē, maranga ai ngā pakeke ki te titiro i te putanga o te marama hou. Ka kite rātau he motumotu marama hiriwa noa nei, e ara ake ana i te pae, ka iri mai i reira mō tētahi wā poto ka ngaro atu anō. Ka rongohia rātau e kōrerorero ana, 'Titiro atu, ko Whiro terā e whakataretare mai rā i te pae, e kimi raruraru ana. Kaua rawa e tukuna kia mau koe i te ringa taumaha, i te ringa kōtē o Whiro. Ka taka te raruraru ki runga i tō mahunga. Whakarongo ki ngā tohutohu a ngā pakeke, a ngā tohunga.'

Engari āhua mīharo ai mātau te rangatahi, me te whakaaro he aha rā ngā pakeke i maka noa ai i te kōrero mō Whiro. Kāre rātau i tino mataku. ahakoa kai a Whiro e mau ana ngā tohu mō te kino mō te raruraru. Kai a ia te mana motuhake ki te tuku i ngā ngārara o te taiao kia puta ki te tūkino i ngā mahinga a te tangata. I kite rātau he taha anō tō Whiro. Koia hoki tētahi o ngā taina i tūtuki rā ki a Tāne, i whakahē rā mō te wehenga o ō rātau mātua. He paku aroha tonu tō ngā pakeke i reira e huna ana mōna, ahakoa he atua tutū, he atua kimi raru. Koianei ētahi o ngā kōrero tārewa mō te atua i whakaingoatia nei ki tēnei o ngā pō o te maramataka. He whakaahua ātaahua anō hoki tōna. I te ata tū tonu ka kitea te mārama o tētahi wāhi rahirahi, porohita noa nei o te marama e iri poto mai ana i te pae, ka ngaro atu anō. Ka whakamīharo kē ngā pakeke ki ngā mea ātaahua o te Taiao.

Early in the morning after Mutuwhenua or Takatakapūtea the elders will rise to look for the appearance of the new moon. They will observe the sliver of the new moon rise fractionally above the horizon, hang suspended for a while, and then disappear. They are then heard to make the following utterances: 'Look at him! Look at Whiro lurking about the horizon, looking for the chance to make trouble. Take extra care. Do not let the draconian hand of Whiro take hold and bring ill fortune upon one's head. Listen to the wise ones who know.'

But we younger people were always mildly surprised and intrigued at the flippant way the elders dealt with Whiro. They showed little fear, despite the potential of Whiro for trouble and pestilence. They recognised a dual personality in his character – remembering that Whiro was one of the brothers who exposed the action of Tāne when he separated their parents – so there was a hidden admiration for Whiro, despite his reputation as a trouble-maker. These are some of the feelings surrounding Whiro, this very special night of the the lunar month. Whiro was special too because it is such a beautiful sight in itself. On a clear morning this perfectly curved fragment of bright light hanging momentarily above the sea then quietly falling from sight evokes some quite wonderful images of the beauty that comes from Mother Nature.

Ko te tīmatanga tēnei o te maramataka a ētahi atu iwi. E kī ana a Te Whānau-ā-Apanui he wā tēnei mō te nohopuku, mō te āta tau mō te huri whakaroto o ngā whakaaro. He wā mō te whakakotahi, mō te awhi. Ko ngā kararehe o te tuawhenua, o te ngahere, o ngā awa, o te takutai, o te tahora kua ngaro atu ki ō rātau nei wāhi huna. Ehara i te pō pai mō te rumaki, mō te kohi kai mō te hī ika. Ahakoa anō ehara i te pō kino rawa.

I te wā ka titiro ngā pakeke o Te Whānau-ā-Apanui ki te eanga mai o te marama i te ata o Whiro, tīmata tonu atu rātau ki te tātai i ētahi whakapapa hai whakaatu i te āhua o te marangai o te āhuarangi mō te marama kai te haramai tonu. Mehemea kai te tū poupou te marama hou nei, me tana tara (te pīhi koikoi o raro), kai te anga atu ki rāwhiti-uru kua rūrū o rātau māhunga. Kua mōhio, ehara i te marama pai, he marangai he mākū. Kua kōrero, 'Kai te riringi wai te marama, he marama tino mākū, kai te haramai.' Tīmata tonu atu te whakatakoto i ngā mahere mahi, i ngā whakariterite mō te marama mākū.

Engari mehemea kai te tīraha te marama hou i runga i tana tuarā me tana tara kai te anga atu ki te rāwhiti kua rongohia ēnei kōrero e whai ake nei, 'Kai te apu wai te marama. He marama maroke kai mua i a tātau.'

This is the beginning of the new lunar cycle, according to many other tribes. It is regarded by Te Whānau-ā-Apanui as a quiet time, a time for inactivity and introspection, a time for togetherness and embrace. Natural life has also withdrawn to its own secret places. No planting or food-gathering or fishing is encouraged during the period of Whiro, even though it is an averagely good night for these activities.

When the elders of Te Whānau-ā-Apanui observe this rising new moon on the morning of Whiro, they immediately start a series of calculations which will determine for them the rest of the month's rainfall and climate. If the new moon is standing vertically with its lower horn directly to the north-east, as it would be in our area of Aotearoa, the elders shake their heads in expectation of dire weather conditions to come. The new moon's message is not a good one. They say, 'In this position the moon is pouring out water. A wet and rainy month is coming.' Immediately they start to plan, and make arrangements for activities and work programmes to suit a wet period.

If, however, the new moon is lying on its back, with its lower horn pointing to the east, the elders' conclusion for the coming month's weather is embodied in what they say: 'The moon is gorging itself with water; a dry month is ahead of us.'

Pērā anō i tērā i runga ake nei, kua whakaaroarotia, kua whakariteritea ngā mahere mahi mō te marama maroke, kore marangai.

Kei waenganui i ēnei tino nōhanga o te marama hou, ka tarea hoki e ngā pakeke te whakamāori i ērā atu whakaaturanga mai a Whiro. Kai te āhua o te tītaha o te tīraha o te marama me te tohu o tōna tara ka mōhiotia he marama mākū, āhua mākū, āhua maroke, tino maroke, he ōrite rānei te mākūkū puta noa.

Engari ehara hoki tēnei mahi te poropiti, te whakatau i te āhuarangi i te mahi ngāwari. Tino mārama ngā mātua tīpuna ki tēnei. Koianei hoki i whakawhirinaki ai ki ngā mātauranga tuku iho, ki ō rātau anō mātauranga, ki ō rātau mōhio ki ngā tohu taiao o ō rātau takiwā. Mā runga i te nekeneke, i te whakahāngaingai i ēnei katoa ka puta he huarahi hai whai mā te hapori mō taua wā.

Koianei ētahi o ngā kōrero whānui, kōrero hōhonu mō tēnei pō o te maramataka i ingoatia nei ko Whiro. E tika ana me whakatakoto i konei, ahakoa kai āhua waho kē atu i te rohe o tēnei tuhinga, arā, he rumaki, he hī ika, he kohi kai. Engari kāre rātau o neherā i wehewehe i ngā wā patu kai o te maramataka mai i ngā pānga o ēnei pō ki te oranga wairua o te tangata, pēnei i a Whiro nei me ērā atu o ngā pō o te maramataka. Ko tētahi pānga tino hōhonu

Like the process of the laying down of business plans for a wet month, arrangements now begin to take place for activities and work programmes to suit a month with very little – or even no – rain.

Between these two extreme new moon positions, there are other messages from other angles of the new moon of Whiro which the elders received and interpreted. They calculate and predict from these other new moon angles and the direction of its lower horn: a wettish month, a dryish month and even a good month with moderate rainfall conditions throughout.

But forecasting the weather is a freakish and hazardous business, and the elders accept this, and work within margins of error based on inherited information and years of personal experience. Their rainfall predictions for the month offer guidelines within which the people can work out the ebb and flow of their activities for that period.

This is the vast knowledge base, and these are the stories surrounding the period of the lunar month called Whiro. They are recorded here, although it stretches the boundaries of the original starting theme, which was food planting and gathering, and auspicious times for fishing, in the lunar month. But they did not, in older times, attempt to separate food-gathering activities from the cultural and social impact of Whiro (nor indeed other nights

o te marama hou ki te oranga o te tangata, rongohia ai mai i ngā tohunga tuitui kupu o te pae kōrero. I ētahi wā, mehemea ka poroporoakitia he tira kua huri ki tua o te ārai, ka puta ētahi kupu whakarite, mutunga mai o te ātaahua, e whakahua ana i te marama. (Kua whakahuatia ēnei i mua ake nei). Anei ētahi tauira:

Ahakoa ngaro atu te marama i te Mutuwhenua, i te Takatakapūtea, ka hoki mai anō i te eanga, i te kōhititanga o Whiro. Ko koe e arohanuitia nei, e kore e hoki mai anō pērā i te marama hou. Haere rā, e huri hīkoi atu ki te ao wairua, ka oti atu e.

Tērā te marama, ka rewa mai i te pae. I ahu mai i te muri i te iwi ka wehe.

of the lunar month) on the lives of the people. One more profound effect of the new moon on the lives of the people is often heard in the oratory of the master speakers from the proscenium of the marae. When making a final, formal speech of farewell to someone who has died, the moon phases provide quite beautiful and appropriate references (as have been mentioned before) in the imagery of the oratory:

The moon passes out of sight at Mutuwhenua, at Takatakapūtea – to appear again at the arrival of Whiro. You, dearly loved one, you will not appear again like the new moon. Farewell, turn away, and travel to the spirit world – never to come back again.

There is the moon. It has risen from the horizon and has returned to us from where our departed ones are.

17. TIREA: KUA KITEA TŌNA
    MĀRAMATANGA I TE PAE

18. HOATA: KUA PUTA ĒTAHI TAE
    PŌURIURI NEI I ROTO I NGĀ
    MĀRAMATANGA O TIREA

19. ŌUENUKU: KUA PUTA NGĀ TAE
    ĀTAAHUA O TE KŌPERE

20. OKORO: KUA TINO MĀRAMA
    NGĀ MEA KATOA

Ka whakakotahingia ēnei pō kai e whā ki
konei nō te mea he āhua ōrite katoa rātau.
Pakupaku noa nei ngā rerekētanga o tētahi
i tētahi. Ka whakahokia mai anō a Whiro
ki roto i tēnei whakarōpūtanga mehemea
ka kōrerotia ngā wā mō te whakatō, mō te
whakatipu kai mō te pānga hoki o ēnei pō
ki te ora o te tangata i tēnei ao. He āhua
pai katoa ēnei pō mō te whakakao kai.
Ehara i te pai, ehara i te kino. Kai roto i te
maramataka ā-iwi i tāngia i te Cooperative
Enterprises o Te Whānau-ā-Apanui
(te rūnanga o ērā wā), i te tau 1974 e tuhi
ana ēnei kōrero mō Whiro:

Kua tauwhirowhiro te marama kai runga
i te pae – pō pai.

Koia nā anake. Kāre he whakamārama i kō atu.

Mō Tirea i āhua whānui ake ngā kōrero a te
maramataka nei. Anei:

17. TIREA: EXPANDING RADIANCE
    FROM THE HORIZON

18. HOATA: REACHING, RISING
    UPWARDS

19. ŌUENUKU: RAINBOW BRIGHT

20. OKORO: INTENTIONS DEFINED
    (PATHWAYS AHEAD ARE CLEAR)

These four nights of the moon calendar are
grouped together here because they were
regarded as much of a muchness, with only
tiny differences occurring here and there.
Whiro was also drawn into this grouping
when referring to the availability of food
resources, to the growing cycles of the moon
and to possible effects in the lives of the
people. All of them are average to slightly
above average nights for the replenishment
of the food stores of the people. A copy
of the tribal lunar calendar published and
distributed in 1974 by The Co-operative
Enterprises of Te Whānau-ā-Apanui (the
rūnanga of those days) says about Whiro:

When the new moon appears on the
horizon, it is a good night.

That is all. The statement is not developed
any further.

For Tirea the statement in the same calendar
is more expansive:

Rangi pai, mahi kaimoana, hī ika, ono kai.

A good day, for collecting and gathering seafood, for fishing, and for planting.

Mō Hoata, ko te kōrero, *pērā mō Tirea.* Mō Ōuenuku, he whakahua mehemea he tāpapa tipu hai mahi, koianei tētahi rā pai, me te kōrero whakamutunga, *pērā mō Tirea.* Mō te Okoro, ko taua kōrero poto anō, 'pērā mō Ōuenuku'.

For Hoata the statement is *pērā mō Tirea* (as for Tirea). For Ōuenuku, beside an instruction to the effect that this is a good day for putting down seedbeds if early seedlings are required, the concluding statement is again 'as for Tirea'. For Okoro there is the same kind of short succinct statement: 'as for Ōuenuku'.

Kāre noa ngā pakeke i kōrero rawa mō te whai kai o ēnei pō kai e rima, kai konei a Whiro, pērā i tō rātau ngahau mehemea ka kōrerotia ko Tangaroa me te Ōmutu. Ka hiki noa ngā pakihiwi me te kī, 'Ā, heoi anō, e kore rātau e rite ki ērā atu o ngā pō o te maramataka.' Mehemea he tino hiahia kia mahia tētahi mahi – mahia. Kāre noa e nui rawa ngā hua, ā, kāre hoki e taka rawa ki te hē. Kai te pai. Haere! Mahia tāhau e hiahia ana.

The old people did not really enthuse about the productiveness of this five-night period (including Whiro) as they did, for example, with the Tangaroa-Ōmutu period. They treated it rather with a shrug of the shoulders, as a kind of 'ho hum' average period for food-growing compared with the rest of the maramataka. If it needs to be done at that time, go ahead and do it. There won't be any spectacular results, nor any abject failures. It is a safe period to do most things.

I haere kē ngā kōrero a ngā pakeke ki ētahi atu wāhi i te wā o ēnei pō e rima. I mahue ake ngā kōrero mō te pūtaketanga mai o ngā kai a te tangata. Ko ēnei wānanga he mea poipoi, he mea kōkiri nā ngā tohunga, nā ngā matakite e kite kau ana i ētahi atu peka, i ētahi wāhi o te mātauranga maramataka. I puta ngā kōrero mō te pupuri a ēnei pō i ngā waiū o te whenua ki raro rawa ki ngā wāhi tino hōhonu, me te āhua o tēnei ki te tipu o te kai. I mōhio rātau kai te hōhonu ngā waiū o Papatūānuku (ēnā kupu ātaahua

The old people also had particularly interesting other discussions during this five-night period; discussions different from those influencing the availability or not of the food sources of the people. These were discussions which were nurtured and advanced by the astute and discerning observers of the wider field of lunar studies. They particularly talked about the moon phase cycles and the effect this period had on the water table of the earth, and consequently on the growth process.

hoki ēnā), ā, kāre e tarea e ngā pūtake o ngā tipu. Mehemea ka whakatipu i ēnei pō me ringiringi tonu he wai ki ngā pūtake i ngā ahiahi kia pakari rawa te tū a te tipu.

I kōrero hoki rātau mō te heke o te wai i roto i ngā rākau mō taua take anō. Ā, koianei te wā tika ki te tope rākau hai hanga whare, patūtū, waka hoki. He wā pai mō te hauhake i ngā māra kai, nō te mea kai te iti te wai kai roto i ngā hua whenua, ā, ka toe roa i roto i ngā rua, i ngā pātaka. Pērā anō hoki mō te rākau. He tere maroke, ā, ka toe roa. Kāre e pau wawe i te pirau te kai. Arā anō tērā o ngā āhua o ngā 'waiū o Papatūānuku' kua kōrerotia i roto i ngā kōrero mō te Rākaunui i mua ake nei.

Nui rawa atu hoki te whakaongaonga, te harakoa o ngā pakeke mō ngā whakaaturanga o ngā tae ātaahua e kōramuramu ana i runga o te pae i ngā ata o ēnei pō e rima. Rongohia ana te hihiri i roto i a rātau kōrero mō te tākirikiri, mō te hurihuri o ngā tae o te rangi i tēnei wā. Kōrero ai rātau mō ngā maramatanga karakara e hiki ake ana i raro atu i te pae i te ata moata. Ka whārōrō haere i te rangi, i te moana, ā, tae noa ki te ngaronga atu ki roto i ngā hihi o te rā, o te ata. Ko rātau e karu ana

They knew that at this time the earth's water table (which was referred to with a grand sense of poetry and imagination as *ngā waiū o Papatūānuku* (the Earth Mother's breast milk)) was deep and difficult for plants to reach. Those who chose to plant during this period were advised to water by hand regularly, until good root growth was established.

They also talked about the minimal water content in trees for the same deep water table reason – and that this was an opportune time to cut trees down for the construction of houses, building palisades and canoe-making purposes. This is an appropriate time also to lift ground crops like kūmara. The water content of these resources is at such a minimum level that food crops would preserve best if harvested at this time, and wood would dry quicker and last longer for the same reason. The opposite effect of 'Earth Mother's breast milk' has been discussed in the section on Rākaunui earlier.

They also talked with unusual enthusiasm during this five-night period about the light displays seen on the horizon on the sea and in the early morning sky. Often heard in their special informal conversations and discussions were references to the various and changing light displays seen during this Whiro to Okoro period. Patterns of light were seen to be emerging from below the horizon to hang briefly and elusively during the early morning, and then to spread low

ki te kite i ēnei taonga o te ata pō hai kōrero i te pahūtanga o ngā tae mā, i kitea e rātau e tū taha ana i ngā marama o Whiro ki Okoro. Ka wehe kē atu, ka kotiti kē ngā kōrero ki roto i te ao wairua haere ai, tirotiro ai i ngā whakaaturanga mai, ki te tangata kai reira. Ka mahue noa ake ngā kōrero mō ngā pō kai, me ngā mahi kimi raru a Whiro. Kua kōrero kē rātau mō te ātaahua o ngā māramatanga e ara ake ana i te pae, mō ngā tae whakauraura e tiaho mai ana, e whakamārama ana i te rangi, me te moana o tēnei wā.

Āta kōrerotia ai ngā whakahuihuitanga a Tirea i ngā tae mā i te whitinga mai o te rā. Anō, he kaupapa tapu. Engari rongohia tonutia ai te wiri me te hiamo i roto i a rātau hora kōrero mō ēnei whakaaturanga mutunga mai o te wetiweti. Ko te Hoata anō hoki tētahi wāhi o te whitinga mai, me te aranga ake o ēnei māramatanga o te ata pō. I ētahi wā, ka kōrero rātau mō te 'māwhe tonu o ngā tae o te Hoata', kāre anō kia kitea te tino tūturutanga o tōna āhua. Kōrerotia ai ēnei mea i runga i te wehi i te wanawana.

Ka tīmata te whakaotioti haere o ngā whakaahua ata pō i te Ōuenuku nei. Kua puta ngā tae o ngā kōpere, anō nei, ko tētahi tonu o ngā atua kai te whakairiiri haere i ngā whero, i ngā kōhai, i ngā kākāriki me ērā atu

across the sky and the sea, to merge and be absorbed by the rays of the rising sun. Quite lovely pictures were described by some of the more artistically inclined of the elders, telling others about the explosions of white colour they saw accompanying the early morning moons of Whiro, Tirea, Hoata, Ōuenuku and Okoro. The discussions became quite philosophical and devoid of any reference to planting and food-gathering. After the machinations and gloomy messages from Whiro, their stories of Tirea, Hoata, Ōuenuku and Okoro began to change mood, and describe rather the quality of light emanating from the horizon: of the unique glow and brightness which begins to illume the early morning sky and the sea.

The white colour combinations displayed by Tirea just before sunrise were spoken of guardedly, as an almost prohibited subject, yet with a tremor of excitement at some of the awesome displays witnessed. Hoata was also regarded as part of this rising, and upwards-reaching, dawn display of luminosity. Sometimes there were references by the elders to *ngā māramatanga o Hoata kei te māwhe tonu*: the pale light of Hoata, where the colours were not yet fully defined but still spoken of with awe.

The Ōeunuku images of rainbow brightness began to complete the picture of colour associated with the period. It was as if a god artist was adding the last touches of red, orange, yellow and green just before the

i mua i te whitinga mai o te rā. Anei tētahi kupu maka noa ā rātau e maharanuitia ana me te aroha, '*Ehara mā ngā atua anake e hanga ērā whakaahua. Kāre e tarea e tāua e te tangata ahakoa te tīmata.*'

Mō te Okoro ka kapo anō te hinengaro o ngā kaikōrero. Ka whakaae rātau kia whakanuia tēnei homaitanga a te ao wairua. E kore e warewaretia. Mō rātau, tino mārama ki te titiro i ngā whakaaturanga a te maramataka kua mōhio koianei te mutunga o ēnei pō e rima. Kua mārō te takoto a ngā huarahi hai āta whai atu i runga i te tūpato ki ngā Tamatea āpōpō ka tae mai.

arrival of sunrise. The following throwaway line, often heard from the old people of those times, is remembered with nostalgia and affection: '*Ehara mā ngā atua anake e hanga ērā whakaahua. Kāre e tarea e tāua e te tangata ahakoa te tīmata*: Without doubt only the gods can create and design such artistry; it is impossible for you and I to even start.'

For Okoro the mood of the story-tellers changed again, to one of acceptance and acknowledgement of an unforgettable spiritual experience. For the perceptive reader of the maramataka there is also the feeling that Okoro signifies the end of this five-night grouping. Future indications are clearly defined; the pathways ahead are laid out to be followed cautiously into the next period: the Tamatea block.

21. **TAMATEA ĀIO: KUA TĪMATA NGĀ TAMATEA KI TE KORIKORI KI TE OREORE**

21. **TAMATEA ĀIO: TAMATEA IS UNSETTLED**

22. **TAMATEA A NGANA: KUA WHAKAATU HE KINO KAI TE HAERE**

22. **TAMATEA A NGANA: TAMATEA IS THREATENING, DANGEROUS**

23. **TAMATEA KAI-ARIKI: KAI TE APO NGĀ TAMATEA AHAKOA HE AHA**

23. **TAMATEA KAI-ARIKI: TAMATEA IS IN A DEVOURING MOOD**

24. **TAMATEA TUHĀHĀ: HE TŪKINO TE ĀHUA O TAMATEA INĀIANEI**

24. **TAMATEA TUHĀHĀ: TAMATEA IS IN A DESTRUCTIVE MOOD**

Ko Tamatea te ingoa tuatahi o ēnei pō e whā, engari whai muri tonu he ingoa tuarua anō hai whakamārama i te āhua o ia Tamatea. Ka tino mārama ēnei mea i roto i te wāhanga tuarua o ngā tuhinga mō ngā Tamatea.

There are four Tamatea nights in this block; all are named Tamatea and each is defined and differentiated by the addition of an explanatory phrase, whose importance will become clear in the special Tamatea chapter that follows.

I roto katoa i aku rangahau, kimikimi kōrero mō te ingoa nei, kāre i tarea e ngā pakeke te whakamārama pono ko wai te Tamatea nei, ā, he aha te ingoa nei i noho ai i konei. He nui tonu ō rātau i whakaae kāre rātau e mōhio, engari i whakaae katoa ehara i a Tamatea Arikinui te rangatira o Takitimu.

In all of the enquiries made over the years, none of the old people could adequately and confidently explain who Tamatea was and why the name appears here. Many admitted that they did not know – although they were quite sure that it wasn't Tamatea Arikinui, the paramount chief of the Takitimu waka and of the Kahungunu people.

Ko ētahi i kōrero mō Tamatea Kai-ariki he tangata nō te ao kōhatu, nō Hawaiki, he tipuna nō Uenuku nō Toi te Huatahi, nō Houmaitawhiti. Nō ngā wā o Māui Tikitiki-ā-Taranga. Ko rātau i heke mai i ngā whakapapa o Ranginui rāua ko Papatūānuku.

A few made vague references to a Tamatea Kai-ariki, a person from ancient Hawaiki, and a possible ancestor to Uenuku, Toi te Huatahi and Houmaitawhiti. There were some imprecise references to Tamatea as being a god from the ancient mythological world – a compatriot of Māui Tikitiki-ā-Taranga – they who followed the era of Ranginui and Papatūānuku.

Engari ko ngā tino mōhiotanga mō te Tamatea nei kua āhua ngaro. I kō atu i ēnei maharatanga o ētahi o ngā pakeke o te iwi, tēnā pea kua horomia atu e te wā ngā whakapapa o te ingoa nei. Koianei te kaha o te kaituhi ki te kawe i ēnei rangahau i tēnei wā.

The overwhelming impression regarding this Tamatea name, however, was that no one really knew. Apart from the obscure references above, there was general admittance from the old people of the tribe that the origin of Tamatea is not known, and that any evidence of ancestry and origin has probably faded into history. That is as much knowledge as the writer of this thesis has been able to obtain against the background above.

He tino nui, he tino maha ngā mōhiotanga mō ngā pō kai Tamatea nei. He wā tino mōrearea, whakawhara i te tangata mehemea ka kūare ki ngā tikanga o te kāinga nei. E rua ngā wāhanga kai roto i tēnei tuhinga mō ngā Tamatea nei. Tuatahi, ka tuhia ko ō rātau āhua mō te hī ika, mō te hī tuna, mō te rama pāpaka, mō te ngaki taru. Tuarua, ka whakamāramatia te āhua o ia pō me ngā tūtukitanga ki te oranga o te tangata. He wā whakahirahira tēnei, ā, kai tēnā pō, kai tēnā pō ōna nei āhua anō.

There is, however, much information about the Tamatea nights, one of the most hazardous periods of the lunar month, where local knowledge is imperative. There are two parts to the following chapter on Tamatea. Information about the productivity of this combined period – fishing, eeling, crabbing, planting and weeding – will be discussed first. This will be followed by the explanation of each Tamatea name, and the impact they have on the lives of the people. It is a most unusual period, and each night has its own notable feature.

TAMATEA (WĀHANGA TUATAHI)

21. TAMATEA ĀIO

Pērā i ngā pō kai e rima kua pahemo ake nei – Whiro ki Okoro – koira anō te āhua o ēnei pō kai Tamatea e whā. Ehara te rumaki, te whakatō kai te mahi e whāia rawatia ana. Āhua taritari kē ai ngā tohunga rumaki kai, mō ngā wā pai kāre i te tawhiti, pērā i a Turu, i a Rākaunui, i a Rākaumatohi me te wā taumata o Tangaroa ki Ōrongonui.

He āhua pai tonu te Tamatea Āio nei mō te hī ika, mō te kohi kai moana. Pēnei i te pūpū, i te pāpaka, ka kitea nuitia i ngā wāhi pāpaku. Kua puta mai ngā pāpaka i ngā wāhi hōhonu, ā, ka taki nohonoho haere i runga i ngā toka maroke i te wā e heke ana te tai. Ka noho i reira kia whakakī rawa mai te tai. He āhua pai tonu mō te ruku koura, mō te hī tuna. Engari he tohutohu tino nui tā te Tamatea Āio nei, e ai tā ngā Tamatea katoa.

Mehemea kai te tarutaru ngā māra kai, koianei te wā hai ngaki. Ka kī ngā pakeke, *Kia paenga ngā taru i ēnei rā.* Kia kitea ngā putuputu taru i ngā paenga o ngā mahinga kai i ēnei rā. E hono atu ana tēnei mōhiotanga ki te heke whakararo o te waiū o Papatūānuku. Anā, kōrero ana rātau, mahi tonu atu. I te ata tonu i mua i te

TAMATEA (PART ONE)

21. TAMATEA ĀIO: TAMATEA IS UNSETTLED

Like the previous five nights – Whiro to Okoro – these four Tamatea nights are also regarded as average for productivity. Planting is not a priority activity at this time. Horticulturists would rather wait for the ultimate peak planting times, during Turu, Rākaunui and Rākaumatohi, and during the Tangaroa to Ōrongonui stretch.

Tamatea Āio is a good time to fish, and a good time to gather sea-food. Pūpū varieties like *maihi, peke, katangata* and *kakara* move further into the shallows at low tide. Crabs similarly move out of the deeper water and seaweed at night and sometimes, when the tide is half-way out, actually walk out and sit on the dry rocks; they would remain there through low tide, during the tide's turning, and on until it begins to come in again. Also fish, crayfish and eel catches begin to improve. There is a precise piece of advice for everyone which is delivered here at Tamatea Āio, and which is applicable to all the Tamatea block.

If there is weeding to be done, this is the optimum time to do it. The old people say, *Kia paenga ngā taru i ēnei rā*: Tidy heaps of weeding should be seen at the edge of the garden during these days. This advice links back to the deep water table theory referred to earlier. And moreover the old people were so staunch and steadfast to their own advice

tangitangihanga o ngā manu pakupaku kua puta kē ngā pakeke ki te ngaki.

I runga i te mōhio, ngāwari noa te matemate o te taru i te wā nei. Ka whiti mai te rā, ka maroke ngā pūtake, oti pai ana te mahi. E kore ngā taru e tipu tuarua anō. Kua tūpono anō te kaituhi ki tēnei mea rerekē, i ngā wā e ngaki rau ana i ngā wā hē o te maramataka. Ahiahi pō rawa ake kua tipu anō ngā taru i ngakia i te ata. Kai te wāhanga tuarua ērā o ngā kōrero mō Tamatea Āio.

that they would always be seen during Tamatea out in the early morning, weeding.

Their whole theory was that with the low water table, weeds were at their lowest resistance to disturbance when dislodged from the earth by the weeder. Then the heat from the rising sun would dry the rootlets and the extermination process would be complete and final – there would be no chance for the weeds to re-root after the weeder has gone through.

It has been the hapless experience of this writer, when ignorantly weeding out of rhythm with the moon, to see weeds cut down in the morning growing again in the evening or the next day.

The remaining knowledge about Tamatea Āio will be discussed in the second part of this chapter.

22. TAMATEA A NGANA

22. TAMATEA A NGANA: TAMATEA IS THREATENING, DANGEROUS

He tino kaha te tākiri a te tuna i tēnei pō. Koianei tōna āhua tino nui. E kīia ana e ngā tohunga o ēnei mea, koianei te pō kotahi o te maramataka, e pātuki kino ana te tuna i te mōunu. Kāre he hokinga tuarua. Koianei te pō e whakatikatika ai ngā kaihī tuna o te hapū, ka haere ki ngā hōpua nunui o ō rātau awa ka tatari kia kaunenehu. Kātahi ka hī atu ki roto i te pō me te mōhio e kore e roa ka nui ngā tuna mā te katoa, mā rātau hoki e kore e kaha ki te hī. I tēnei pō

Eels bite furiously on this Tamatea night. This is its notable feature. It was said by the venerable ones that on no other night of the lunar month do eels strike the bait with such precision. There is no second strike needed. What the fishing party does is travel to the biggest and deepest river pool in their locality, set up and wait till dusk, and then start fishing – with the sure knowledge that the fishing time will be short and the catch will be plenteous; enough to give to those

pokea ai e te nui o te tuna te mōunu kotahi. Mehemea e piua atu ana he rama ki te wai ka kitea e koiri ana ngā momo tuna katoa kia tae tuatahi ki te mōunu. Anā, kua tarea te whakahoki i ngā ika pakupaku ki te wai, pērā i ētahi atu wai.

Ka mau tonu ērā o ngā āhua o ngā Tamatea, te rumaki, te ngaki taru. Ka tae nui mai te tuna ki te kāinga, kua āro te katoa ki te horoi ki te tīhore, ki te wai tote, ki te whakaauahi, ki te pāwhera, ka āta waiho mō ngā wā āhua kore kai.

23. TAMATEA KAI-ARIKI

Koianei a Tamatea Kai-ariki, he atua nō ngā wā o te ao kōhatu i kōrerotia rā e ētahi o ngā pakeke o te iwi. I kōrero rātau mō te tikanga o te Kai-ariki wāhi o te ingoa nei. I kīia ai e kore a Tamatea Kai-ariki e hopohopo ahakoa ko wai, ko wai. Mehemea mō te whiu, ka whiua. Ka tino whakamāramatia tēnei i te wāhanga tuarua kai te whai ake.

He pō kai āhua pai tonu, heoi, 'he wā hai whakatipu' e kī ana ngā pakeke.

who were not able to fish. On this night there is usually an en masse attack on the bait, and if the fisherman was to swing a light into the water at the time of casting he would see eels sliding over each other in their haste to be first at the bait. Here then is another opportunity to select the eels to take home and to release the smaller ones – selective fishing, as in the other good eel-fishing nights of the month.

All the other features pertaining to the Tamatea period still hold true: the planting time and the optimum weeding time etc. Should excessive eel catches continue to arrive home, then new activities like filleting, working salt water brine, smoking, sun-drying and storing for the possible lean times ahead become important added work for all.

23. TAMATEA KAI-ARIKI: TAMATEA IS IN A DEVOURING MOOD

'Tamatea Kai-ariki' is an ancient mythological god figure referred to by some of our elders, the senior members of the tribe. They would speak at length about the meaning of the name *Kai-ariki*: a reference which did not differentiate between who might be devoured, great or small, at this time.

With regard to food production, there is a recommendation to plant only if planting has to be done. 'A day to plant' is all the Te Whānau-ā-Apanui elders say.

24. TAMATEA TUHĀHĀ

Pērā i ērā pō e toru o ngā Tamatea nei, he pō whakaotioti i ngā mahi kua mahia. Kua haere ngā pāpaka, ngā tuna, ngā pūpū, ā, he raruraru ki te tohetohe ki te haere ki te moana. E noho ki te tuawhenua, ngakia ngā māra kai.

TAMATEA (WĀHANGA TUARUA)

Mō ngā mahi e pā ana ki te moana pēnei i te ruku i te tuku poti ki te wai, i te hī ika i ngā ngutu awa i te ākau. Kua kitea e huri rerekē ana te āhua o ngā pakeke. I pai noa rātau i te Tamatea Āio, i te Tamatea a Ngana, me te whakatutuki i ngā whakahau a ēnei pō kai, engari ināianei kua huri rātau ki te tūpato, ki te mataara, ki te whakatakoto ture e kore e aro i te tangata mehemea kai te kūare ki ngā tikanga o te kāinga nei. Ahakoa ngā āhuatanga pai o ngā Tamatea kua tirotirohia, ko tō rātau tohu nui, tohu whakahirahira, anei e noho nei i roto i ngā kōrero tuku iho:

1. *Anei ngā Tamatea e whakahuri anō nei i te puku o te moana.*
2. *Kai te huri te puku o te moana, he Tamatea rā hoki.*
3. *Kai te huri te puku o te moana – hai aha kia uia?*

24. TAMATEA TUHĀHĀ: TAMATEA IS IN A DESTRUCTIVE MOOD

Like the other three Tamatea nights, Tamatea Tuhāhā is a night to do the various things mentioned above, but the crabs are gone, the eels are gone, the pūpū are gone and fishing is dangerous and risky. The people's work at this time is land-based. Most of all, weeding done now will give best results.

TAMATEA (PART TWO)

With activities involving the sea, such as diving, boating and fishing from river mouths and the beach, the Tamatea mood of the old people suddenly changes. Whereas during Tamatea Āio and the morning of Tamatea a Ngana they were accepting of the positive advantages of Tamatea – especially weeding, eeling and crabbing – their sudden change of position to one of watchful wariness, caution and even prohibition was quite inexplicable unless properly understood. Despite the positive things already written about the Tamatea nights, the one overwhelming and extraordinary feature involving all four Tamatea nights is encrypted in the following sayings:

1. *'Here are the Tamatea, churning up the bowels of the ocean again.'*
2. *'The stomach of the ocean is turning over and seething: the Tamatea of course.'*
3. *'The bottom of the ocean is writhing and convulsing – there is no need to ask why.'*

I tino rongohia ēnei momo kōrero i mua atu, ā, i te wā hoki o ngā Tamatea. Anā, nā te mea ka tarea e ngā Tamatea 'te huri te puku o te moana'. Kua tīmata te moana ki te mahi i ētahi mahi rerekē, poka noa, ā, ki te kore e tūpato ka whara, ka mate. Me āta titiro tonu, ka kitea ngā tohu tuatahi. Kai te huri te moana i te Tamatea Āio ahakoa te takoto a te marino. Ka kitea ētahi pāhukahuka moana me ngā nehutai e āhua paratītī mai ana i runga i ngā toka o ngā kūrae whenua. Ahiahi rawa ake o te Tamatea Āio, kua tīmata ngā pāhukahuka moana nei ki te ngōki haere ki ngā taha o ngā toka o uta, ki te ākau, ā, heoi anō, he mea noa nei. Engari kai te mōhio ngā pakeke, kua tīmata te kōrero, te āki i ngā tamariki kia tere mōhio ai he aha te tikanga o aua pāhuka, nehutai rā. Kua whakamārama rātau, nā te huri o te puku o te moana i tēnei wā, arā, kua puta ngā ngaru pakupaku e tukituki haere rā i ngā toka o ngā kūrae. Kua whakatūpato, nā te mea kai te oreore, kai te hurihuri ngā au o te moana hōhonu. Kua tīmata te tō whakawaho o ngā ngaru. Kua āta ākina ngā tamariki kia kaua e haere ki te moana i ngā pō o ngā Tamatea. E kore e ngaro te wiri, te whakatūpato i roto i ā rātau kōrero. Kua tae mai ngā Tamatea, he tohu kino kai ngā wāhi katoa. Haere ki te moana, he toromi tō mutunga atu.

Tae mai ki te ata o Tamatea a Ngana, kua tino tipu ngā punua o nanahi. Kua kaha,

Sayings and dictums like these were always heard before and during the Tamatea period. Because of the enormous influence of Tamatea in 'turning over the stomach of the ocean' etc, the sea at this time begins to change and behave in unexpected, dangerous and life-threatening ways. The first signs of these changes appear almost imperceptibly during Tamatea Āio, especially if the weather is fine and the sea is seemingly calm. A thin white line of sea froth and wave spray begins to appear on the rocks of the headlands. By the afternoon of Tamatea Āio this little line of spray may be seen to creep around the rocks, into the bays and along the beaches, a quite unnoticeable and innocent happening. But the old people notice, and will start to talk quite firmly – and to the children especially – about the meaning of that white line. They tell that with the arrival of Tamatea Āio and with the 'stomach of the ocean' beginning to turn over, little pressure waves are created and jostled against the rocks of the headlands where they are first seen. They warn that with this sign of ocean movement there is a discernible increase in the outward pull and tow of the receding waves. Children are instructed unequivocally to stay out of the sea, for Tamatea Āio and the rest of the Tamatea period. There is no missing the foreboding and warning in their message. The Tamatea are here. There are danger signs everywhere. Swim and drown.

By the morning of Tamatea a Ngana the little white spray line of yesterday is now

kua teitei te piki i ngā toka, hai te rutunga mai ki raro ka koropupū te moana. Kua urutomo tonu te āki a ngā ngaru ki roto i ngā kōawaawa o ngā toka, ki te ākau, me ngā ngutuawa. Kua rerekē ngā tae o te moana. Tētahi, kākāriki taumaha nei kai tua atu i te ākau, he kikorangi pōuriuri nei, tata ana ki te pango kai waho atu, kai waho atu. Me ngā kupu akiaki a ngā pakeke kua tino taumaha kē ake i tō nanahi, 'E noho ki rahaki! Tiro atu, kai te huri te puku o te moana.' Kua tautoko hoki ngā mātua me ngā whānau me te karanga kia tiakina ngā tamariki kai kotiti pōhēhē noa ki ngā ngaru e hihī ake rā i tātahi. Kua tino kaha rawa atu te tō whakawaho o ngā ngaru o te moana i tēnei rā. Tiakina te katoa e te katoa.

Ka ara ake i konei ētahi tino take hai tirotiro mā te tangata, hai whiriwhiri tahi mā te katoa. Tuatahi, nō ngā whakawai a te moana i te wā o ngā Tamatea tuarua, ko te ngākau pukā, ko te ngākau tohetohe o te tangata. E rua ngā mea rerekē e kitea ana i ngā moana o ngā Tamatea hai whakawai i te tangata: (1) Kai te tino pāpaku ngā tai timu (he 'tai tuha' ki a Te Whānau-ā-Apanui); (2) He marino te āhua o te moana.

(1) I ngā Tamatea, he tino teitei ngā tai kī, he tino pāpaku ngā tai timu. Kai roto i te Tamatea whakamutunga e noho ana tēnei kupu, *tuhāhā*, te *tuha* rānei. He kupu ēnei nā Te Whānau-ā-Apanui e whakaatu ana i te tino tino pāpaku o te tai timu. Kua puta, kua kitea

beginning to climb high up rock faces and crash back down with sufficient weight to make the sea boil. Waves rush with some force through the rock channels, up the beaches and into river estuaries. The colours of the sea have changed to a murky green close inshore and to a dark ominous-looking deep blue-black to indigo farther and farther out. The old people's message to all, and again to the children, is more forceful and forbidding than yesterday: 'The very bowels of the ocean are churning; stay ashore!' Parents too echo the message and are especially vigilant of little ones who may wander with interest towards the rushing waves on the beach. Today's undertow is strengthening rapidly, and by the evening of Tamatea a Ngana it is at a dangerous level.

Two aspects of interest arise here for attention and discussion. One concerns the deception of the sea of Tamatea; the other: foolhardiness. The deception arises because of two odd features which occur at Tamatea: (1) it is a time when extreme spring tides occur; and (2) the sea usually appears to be calm.

(1) At Tamatea the high tide is very high and the low tide is very, very low. (The name of the last Tamatea – Tamatea Tuhāhā – contains the root word *tuhāhā*, or *tuha*, which in Te Whānau-ā-Apanui understanding refers to the extreme lowness of the low tide.)

ētahi toka, ētahi kōawaawa, kāre anō kia kitea i mua atu. E kore e tarea e ētahi o ngā kairuku toa o te hapori, te kore te tuku atu ki roto i te wai, ki te tirotiro kanohi ki te kanohi, i ēnei wāhi hou o raro i te moana, i tūpono nei te whakaatungia, e ngā Tamatea.

(2) Ko tētahi āhua hai whakakotiti i ngā mahi a ngā kairuku kūare ko te āhua tau o te moana. Kāre e puta ana he huaroa e tū rānei te ngaru. Ka āhua motumotu ka tukituki noa a runga o te moana engari ka tarea tonu te whakamānu he poti mehemea e mōhio ana ki ngā wāhi tika hai tuku atu.

Ko ngā punua pukepuke me ngā auripo pakupaku i kitea i Tamatea Āio me te āhua tiputipu haere o ēnei tae noa atu ki Tamatea a Ngana, kia ahu mai i te pae kia tūtuki ki ngā toka, ki ngā tātahi. Whai muri tata tonu ki tēnei āhua o te moana ko te taumata whakaharahara o tēnei wā. Ko ngā pō o Tamatea Kai-ariki rāua ko Tamatea Tuhāhā. Ahakoa pakari ana te āki mai a ngā āmai o te pae, ka āhua noho pai tonu te kārewa o te moana. Ko ngā tae paruparu kē me ngā pukupuku i runga i te moana ka kitea. Kai te pai ērā. Ko te mea kē o ēnei Tamatea e rua, hai tākiri atu i te tangata i te mata o te whenua, ko te hihī mai o te wai ki uta me tana muru i ngā mea katoa kai mua i tana huarahi, i tōna hokinga whakawaho ki te tūtuki atu ki te ngaru tuarua e whawhati mai ana. Ka tino whakatapua e ngā pakeke tēnei wā o ngā Tamatea. Kia kaua e hou ki

Rocks and channels not usually seen are exposed during these low spring tides. The temptation to daring divers in their prime to explore this unexpected exposure of the underwater environment is irresistible.

(2) The misleading thing about this period is that the sea itself seldom becomes stormy, wild or raging. Certainly it becomes tangled, irregular and bumpy, but never too rough to consider launching a boat from the more protected bays (by those with local knowledge).

The little swells and surges noticed during Tamatea Āio, the consequent build-up through Tamatea a Ngana, continue to roll in from the horizon and crash on to the rocks and the beaches. Then comes the climax to this period: Tamatea Kai-ariki and Tamatea Tuhāhā roll in even stronger swells from the horizon – yet without a noticeable disturbance of the sea surface. It is the murkiness of the dirty colours, the bulges and bumps that dominate the sea's appearance. The real deadliness of the last two Tamatea is witnessed in the velocity of the inrush of the sea when it hits land and the massive, unrelenting sweeping away of everything within reach as the water races back out and into the next curling wave. Absolute prohibition from entering this Tamatea sea is imposed by all: on themselves, on each other and on everyone else. Tamatea

te moana ahakoa he aha te aha, ahakoa ko wai. Ko te Tamatea Kai-ariki nei rāua ko te Tamatea Tuhāhā, ngā pō kino katoa o ēnei pō e whā. Ki te kore e hopohopo, e tūpato, he tangata te utu.

Engari, arā, i kōrerotia rā i mua ake nei, ka puta ngā wāhi mātaitai hou i ēnei wā o te tai tuha. Mā te kite atu i ēnei wāhi hou ka whakawaia ngā kairuku, pakari, poka noa rānei o te whānau ki te peke atu ki roto i te wai ki te āta titiro tata i ngā rua koura hou i ngā kōawaawa kina, pāua, kuku rānei. Ka hiahia hoki rātau ki te tatau e hia te nui o ēnei rawa hou, ka kohi i ētahi ka peke anō ki waho o te wai. Me te mōhio anō kai te āmiomio, kai te amo te moana, kāre i te tau. Ka tae mai a Tamatea a Ngana ka tūturu te kitea o te whirowhiro, o te tō whakawaho o ngā au kikino o tēnei wā. Anō hoki, me te whāki mai a te tai tuhāhā i āna taonga whakahirahira, arā, i tua noa atu o ngā ngaru rā.

Anā, ka tae mai tātau ki tētahi take kua whakahua kētia. Ērā ētahi, tāngata he toa, he manawaroa, he māia ki te ruku. Ērā ētahi, he poka noa, he kūare, he wāwau. Ērā ētahi atu anō, he toa, he māia, he poka noa he wāwau, e kore e tarea te puripuri mai i te hiahia ki te mōhio ko tēnei kaituhi tētahi o ēnei. Ka whakakāhoretia ake ngā tohutohu a ngā pakeke mō taua wā, ahakoa hōhonu ana te noho i roto i te hinengaro. Ka waiho ake ki te taha, ka āraitia atu i runga i te hiahia kia whakataretare noa koa atu ki roto i ngā wāhi e whakaatungia mai nei e

Kai-ariki and Tamatea Tuhāhā especially are the most treacherous and lethal of this period. Handled without respect the inevitable result is tragedy.

However, as mentioned above, rocks and channels not usually seen are exposed during these low spring tides. For the younger men and women – the divers, fisherpeople and boaties of the extended family – jumping into the sea, exploring at close range new crayfish holes, new colonies of kina, pāua and mussels, is enormously tempting. They want to estimate the numbers of the new-found riches, gather some and jump back out of the water again. But Tamatea Āio, no matter how calm it looks, begins to unsettle the sea and make it unstable. Tamatea a Ngana sees the power of the undertow and the swirling of the sea increase markedly. And the low tide creeps lower still.

Which brings us to the other factor mentioned: foolhardiness. Some daring divers, and some foolish ones – and some who are both – succumb and follow their basic exploratory instincts. The writer of this thesis was both. The teachings, the indoctrination of the elders – already etched deep into the consciousness – were unwisely and temporarily curtained off as the tantalising nights of the Tamatea showed new places for the diver to investigate. New places on the other side of the unsettled waters. Exploratory dives were of course

ngā Tāmatea. I whakamātaungia e mātau i runga i te tino tūpato, i te tino mōhio ki te hapa tētahi mea kotahi nei, he mate te utu. Kia rongo rawa ake i te muru mutunga kore, me te tō whakawaho a ngā aukino o ngā Tamatea i runga i ngā pakihiwi, i ngā papa, kātahi anō ka mahara ki ā rātau whakatau whakamataku mō ngā Tamatea. Ka hoki mai anō tētahi kōrero mō neherā ki roto te upoko whakatete, '*He rimu motumotunga, he tihaetanga toka.*' Ki te ākina te tangata ki te pari toka i raro i te moana ka rere te ringa ki te kapo he pūpū rimu hai ātete i te kahaki whakawaho a te au. I ētahi wā ka momotu mai te tātā o te rimu ki roto i te ringa kōtē o te tangata ruku. I ētahi wā, ko te toka tonu ka pakaru mai, kātahi ka ākina atu te tinana ki ngā toka kai raro atu. He toromi, he mate kai ngā wāhi katoa.

Mō ngā tamariki kua tino whakatapua a tātahi, ngā toka, ngā ngutu awa kia kaua rātau e tata atu ki ērā wāhi. Nō te mea i te tino kaha o tā ngā Tamatea āki mai i ngā ngaru ki tātahi ki roto i ngā ngutu awa, hai te hokinga ka murua ngā mea katoa e ngā tai e hoki whakawaho ana. Kotahi noa te tapepe, te hinga rānei, ki te waimaria ērā, e tū, e oma ki uta. Ki te kore kua ngaro atu ki raro i ngā ngaru e whati whakawaho atu rā. Koiana ngā Tamatea, e hika mā.

Kairuku pakeke, ngā kairuku māia, ngā mea tamariki kai te ako tonu, āe, me rātau ruku poka noa i runga i te kūare i te hārangi, e hopohopo ana, e kore ana e tuku atu ki te wai i ngā Tamatea Kai-ariki, i ngā Tamatea Tuhāhā. Pērā anō te tuku poti ki te moana,

carried out by some, but with extreme caution and the knowledge that tragic consequences could happen at any time.

It is only when one feels the overpowering drag and surge against the shoulders, chest and thighs that the teachings of the old people about this aspect of Tamatea become frighteningly obvious. Another traditional reference springs to the mind: '*Broken seaweed is torn rock.*' When one is swept past a rock face, a desperate lunge is made for the seaweed nearby to try to arrest the uncontrolled, outward drag. Sometimes the seaweed stems break away in the diver's grip. Other times the very roots, cemented to the rocks, are torn off and the diver is plunged into the next underwater rock face – all ingredients for tragedy.

For children, the beaches and rock pools and river mouths are absolutely forbidden territory. Waves, for instance, rush up the beaches and into river estuaries, and the danger lies again in the outward dragging power of the undertow and the speed and rush of the receding water. One missed step and the sand and stones are literally sucked away from underfoot. A trip, a fall – at best a lucky recovery, at worst being swept away and engulfed by the next rolling wave.

Personal experience of this writer has been that mature divers, learner divers, daring – and even foolhardy – divers do not push their luck beyond Tamatea a Ngana to Tamatea Kai-ariki and Tamatea Tuhāhā. Boating and fishing similarly

te haere ki te hī ika. Ka whakakāhoretia katoa ēnei. Kai raro ngā tamariki katoa i te kaitiakitanga a te katoa, ahakoa ko wai.

I roto i ngā rau atu, rau atu tau i noho ai a Te Whānau-ā-Apanui i te taha i ēnei āhuatanga, kua mōhio rātau ki te noho i runga i te hopohopo, i te whakaruru, me te whakanui i te mana motuhake o te taiao e karapoti nei i a rātau. Ka kite anō hoki rātau i te rerekē o tā te Tamatea whakaoreore i te moana kia ohooho, kia mataara te wairua tangata ki te wehi ki te wana o tōna ao.

Āe. He nui ngā toromitanga hinapōuri i roto i te rohe mai rā anō, engari ko te nuinga he pōrahurahu mō ngā whakarite, he kore i tika mō te whakatakoto i ngā mahere, ā, i hē te titiro ki ngā au, ki te āhua o ngā tai o ngā Tamatea. Mā ēnei katoa, takitahi, pupū, ka kitea te mana o te moana nui i runga atu i tō te tangata, e ai i ngā pō kai o ngā Tamatea.

Tērā anō hoki ētahi aitua nā ngā au tō kino o ngā Tamatea i tango. Paku nei te hē o te whakamāori i ngā tohu o ngā Tamatea ka tangohia, ka tukuna ki a Tangaroa. Ka kite a Tangaroa i ngā pūkenga ātaahua o ngā kai whakateretere waka, o ngā toa retireti ngaru, ka whakanōhia rātau hai kaitiaki mō ngā rohe o te moana nui. Inā rā, koianei ngā kupukupu a ngā pakeke, a ngā tohunga i roto i ā rātau karakia whakatakoto rāhui

are on a two-day self-imposed embargo. Children are now under strict supervision by anyone and everyone around.

Over the centuries of living with this phenomenon, the people of Te Whānau-ā-Apanui have learnt to live in a safe and respectful relationship with Tamatea. The gifts of Tamatea are accepted and acknowledged with courtesy and grace. The extraordinary power of Tamatea to turn over the very bowels of the ocean and to create exceptional sea conditions which have such a compelling effect on the lives of the people is recognised with awe and reverence.

There have been tragic drownings in the tribal area, but mostly they have not been attributable to the sea conditions of Tamatea. Carelessness; unpreparedness; misjudging the wind and the build-up of sea conditions; boat capsizes etc – all these, individually and together, make up the unforgiving picture of the power of the sea over man, especially during the time of Tamatea.

But there have been unfortunate Tamatea tragedies. When surfies and boaties have fractionally misjudged the messages of Tamatea, Tangaroa, in recognising their skill and daring, has claimed them to be part of his ocean management team. So say the elders when the last rites are performed on the beaches and recovered property is ceremoniously burned and returned to the elements.

i ngā wā hoki e tahuna ai, e whakahokia ai ki te takiwā, ngā toenga ā rātau kua taputapu ngaro pae mai ki uta i muri i te aitua.

Mai rā anō, ināianei hoki, e whakatū pouwhenua ana a Te Whānau-ā-Apanui, me tana pūpū rimu kai runga e here ana, hai whakaatu ki te katoa kua toromi tētahi. He tohu hoki tēnei kua takoto he rāhui whakamaumaharatanga ki a rātau kua huri kai tua o te ārai, ki wāhi kē, ki mahi kē. Koianei anō hoki te pouwhenua me tana pūpū rimu ka whakatūngia mehemea kai te ngaro haere ētahi o ngā mātaitai, ētahi o ngā kaimoana o te rohe. He rāhui motuhake te kōrero a ēnei pou e rua, engari ko te pūtake mai o te rāhui a tētahi i tētahi, he tino tino rerekē.

I puta te nui o te pātai mō ēnei mātauranga hiranga o Te Whānau-ā-Apanui e pā ana ki ngā Tamatea nei. He ui makihoi noa pea tā ētahi o te hunga māhirahira nei, he hiahia tika tonu pea tā ētahi kia mōhio. Nui noa atu i pātai, 'He aha ai? He aha ai i pēnei ai? He aha ai i pērā ai? He aha i pēnei ai te moana i ngā wā o ngā Tamatea? He aha i huri ai te puku o te moana?' Āta whakarongo mai ai ngā pakeke, ngā tīpuna, ngā mātua, ā, ka tonoa mātau kia haere anō ki te pikipiki rākau me ngā pātai rā. Kāre i tino oti te whakautu. Engari anei ā rātau tino kōrero whakamutunga, 'Kia kaha te titiro, te whakarongo, te mātakitaki, te whakaaro. Ā te wā ka mārama.'

Te Whānau-ā-Apanui traditionally, and even now, erects a pole with its bundle of seaweed at the site, when somebody drowns. This informs everybody of what has happened and of the imposition of a *rāhui* on the area, and also serves as a monument of remembrance to those who have crossed through the veil to reach another place and take up another role. This pole with its seaweed tuft is the same as the one erected when a conservation rāhui is proclaimed. Both declare the same message of imposed prohibition, although the reasons at the centre of each proclamation are very, very different.

This significant body of Te Whānau-ā-Apanui knowledge based on the Tamatea lunar period raised many queries among the inquisitive of the tribe. Many of us younger ones kept asking, 'Why? Why? Why? Why do such things happen to the sea during the Tamatea period? What causes the stomach of the sea to turn over?' We were patiently heard out by our parents, grandparents and elders and quietly ushered away with questions only partly answered, and told 'Keep watching and in time it will become clear.'

25. ARIROA

26. HUNA

27. MAWHARU

28. ŌHUA

29. ATUA WHAKAHAEHAE

30. TURU

25. ARIROA: NATURE WEARS A DISGUISE

26. HUNA: ALL IS HIDDEN AWAY

27. MAWHARU: EVERYTHING IS EXPOSED, PLENTIFUL; TAKE AT WILL

28. ŌHUA: TIME OF PRONOUNCEMENT

29. ATUA WHAKAHAEHAE: THE GODS ARE IN A FEARSOME MOOD

30. TURU: CALM AND BEAUTY APPROACHES

Mō ēnei pō whakamutunga e ono o te maramataka nei, ka kitea te tau o ngā whakaaro, o te āhua o ngā pakeke i tipu ake mātau i te taha. Ka āta kōrero noa rātau ki a rātau, ka whakawhirinaki, ā, ka kitea e menemene ana e katakata noa ana ki a rātau i roto i ā rātau kōrero mō te maramataka. Rongohia nuitia ai ēnei momo kōrero e puta mai ana i a rātau, 'Ehara! Kai te āhua haututū, kai te āhua tinihanga ngā atua o te maramataka i tēnei wā'. Me aha hoki? Titiro ki ngā mahi nunui kua oti i a rātau. Te hari mai i a tātau ki konei. Mai i te Rākaunui, puta noa i ngā wā o te Korekore, ki ngā Tangaroa, atu ki ngā Tamatea, tae noa mai ki nāianei ki te Ariroa. E tika ana me whakamāmā, me haututū rātau mō tētahi wā nei. Kai roto i ēnei momo kōrero e whakaatu ana te āhua

For these last six nights of the lunar month the people we grew up with took on a quiet, relaxed and sometimes even a jovial attitude to the world around them. They were often heard to say to each other 'the gods of the lunar month are in a playful mood now'. So it was time to look at the work they had done to arrive at this point of the month. From the full moon, through the Korekore times, through Tangaroa, to the Tamatea period and now to Ariroa. Time to relax and enjoy themselves for a while. In their own quiet way the elders were again expressing the nature of their relationship with the keepers of the natural world around them. A relationship of dignity, respect and balance: a commitment to their natural environment based on teachings inherited from their

o te whanaungatanga i waenganui i ngā pakeke me ngā kaitiaki o te taiao e karapoti nei i a rātau. He whanaungatanga e tū ana i runga i te rangatiratanga, i te wehi, me te ōrite o tētahi ki tētahi. He whakatairanga, he whakamana i te taiao i runga i ngā tohutohu tuku iho a ō rātau ake tohunga, rātau i kohikohi ai, i whakakao ai i ēnei mātauranga i roto i ngā tau e rau atu, e rau atu kua pahemo. He mātauranga ka waiho ake hai painga mō ngā kairangahau o te taiao kāre anō kia whānau.

own scientists, who for hundreds of years had gathered and collated this information for the benefit of the environmentalists to come.

25. ARIROA

Kai te mihi nui ake ki taku tuakana ki a Koro Rangipoua (e waru tekau ōna tau i 2010) mō te mārama o tana mahara ki ngā kōrero a ngā pakeke mō te Ariroa nei. Ka āhua uaua te mahara i ahau, ka peka ki te kōrerorero ki a ia, anā, ko ngā whakawhitiwhitinga ātaahua e whai ake nei. Me te hoki mai anō o te mahara ki aua kōrero i kōrerotia ki ahau i roto i ngā tau kua huri. Anei ā māua kōrero, tata ana kupu mō te kupu. He whakapotonga te Ari nei mō te Ariari: ko tērā e kitea māramatia atu ana. He kupu te Ariari nei e whakamahia nuitia ana i a mātau e tamariki ana i ngā 1930 ki ngā 1960. Ko te aroha ake kua āhua kore e rongohia e whakamahia ana i ēnei rā. Ko te 'roa' wāhi o te Ariroa nei ko taua kupu e mōhio whānuitia nei e te katoa. Ko te roa o te wā, o tētahi mea rānei.

Kia noho te Ariroa nei, ko tērā e kitea mārakeraketia atu ana mō te wā roa. Ko te

25. ARIROA: NATURE WEARS A DISGUISE

I am grateful to my older brother Koro Rangipoua (eighty years old in 2010) for the clarity with which he remembered what our elders said about Ariroa. Struggling a little to recall, I visited him and was rewarded with the following wonderful discussion, including being reminded of what I too was told those long years ago. What is recorded here is the gist of that discussion. *Ari* is an abbreviated form of *ariari*: that which can be seen clearly and distinctly. *Ariari* was a common word of my childhood years in the 1930s, 40s, 50s and 60s, but sadly not often heard or used today. And *roa* denotes length of time.

Ariroa is direct reference to the continuing condition of the sea seen during the Tamatea

mahi tino nui a te Ariroa, he whakahoki i a tātau ki te āhua o te moana i mahue mai rā i ngā Tamatea. Ka kī rātau:

> *Āta tirohia atu, anā, e ariroa mai nā. I tēnei rā katoa ka kitea atu kāre anō kia tino tau te huri o te puku o te moana. Kai te tau haere, āe, engari kai te āhua koropupū tonu.*
> *Waiho Te Moananui a Kiwa kia whakangā ana, kia whakaora anō i a ia. Kaua e haere ki te moana, kaua e mahia ngā mahi o te oneone.*

Ehara te Ariroa nei i te rā pai mō ēnei mahi. He rā kē hai whakaaro mō te tino rangatiratanga o te oneone, o te whenua, o te wai, o te taiao hoki.

period. The elders would say, as my brother reminded me:

> *Look carefully out there and you will see clearly all day that the convulsions of the sea are not yet over. Settling, yes, but still heaving a little. Let Te Moananui a Kiwa rest a while and convalesce. Stay off the sea, and also leave earth activities aside for a while.*

Ariroa is not a productive day. Ariroa is a recovery day for the earth and for the waters.

26. HUNA

Koiara tonu anō te tikanga, te āhua o te pō nei, anā, e whakaatu nā, i roto i tana ingoa. Kai te huna ngā mea katoa. Kāre he mea e kitea e te kanohi, e te tangata. I hoatu anō e ngā pakeke he kupu whakanikoniko i tā rātau whakamāori i te ingoa nei. I kī rātau kai muri i tērā e āhua kitea atu ana, he mea kē. Arā, e noho rā i roto i tērā o ngā whakatauākī o te rohe nei:

> *Kai muri i te awe māpara he tangata kē.*

Kia hoki ake anō ki te Huna nei. I kīia ake i mua nei, ko tōna tikanga kai te huna ngā mea katoa. Pērā anō i te ingoa nei, koia

26. HUNA: ALL IS HIDDEN AWAY

Huna means hidden out of sight, out of public viewing. The elders added a poetic licence to their interpretation and talked about the gods wearing a disguise:

> *Behind what you can see stands someone else.*

They said that the Huna period of the maramataka is as its name says. Everything is hidden from mankind. One will find

anō te āhua o te taiao. Kua hunaia ngā mea katoa i te kanohi tangata. E kore e kitea he aha i roto i te moana, i roto i ngā awa, e kore hoki e tipu ērā ka rumakitia i tēnei rā. E rua anake ngā kupu kua tuhia e ngā pakeke o Te Whānau-ā-Apanui ki te taha i a Huna: 1) Tūpuhi; 2) Kino. Mārama ana te kōrero a ēnei kupu mō te āhua o Huna. Kāre he kōrero kē atu. Ko te whanaungatanga i whakahuatia i mua ake nei, i waenganui i ngā pakeke o Te Whānau-ā-Apanui me ēnei pō mutunga, o te maramataka, i pēnei tētahi titiro. I āhua mōhio rātau, ērā ētahi mahi raruraru kai te mahia i muri i te awe māpara nei. I mōhio rātau he mana motuhake tō ngā kaitiaki o te maramataka ki te homai, ki te whakakāhore, ki te whakapōauau, ki te huna. He nui tā rātau whakapae, tērā e whara ki te kore e ohooho ngā mahara ki ngā mahi tūtūā a ngā atua. Kai te haututū ngā atua. Ko wai ka mōhio he aha ā rātau mahi huna. I noho rātau i runga i te ngāwari noa, i te tūpato, i te mōhio pai ki tēnei o ngā pō o te maramataka. I runga hoki i te mōhio, apōpō ko te Mawharu me āna nei anō manaakitanga.

27. MAWHARU

Kia mau tonu ai ki te ia o ngā kōrero kua kōrerotia mō ēnei pō kai e ono o te maramataka, anei anō tētahi mahi tino huripoki a ngā atua nei. Arā, i kōrerotia rā i mua ake nei. Ko te Mawharu nei tētahi o ngā pō, mutunga mai o te mōmona o ngā

nothing to take out of the sea, out of the rivers; nor will plantings survive. Against the Huna period of the Te Whānau-ā-Apanui lunar month, only two words are written. *Tūpuhi*: emaciated; and *Kino*: hostile, inauspicious. Two words which succinctly express the kind of period Huna is. To return to the relaxed yet respectful relationship the elders of Te Whānau-ā-Apanui had with this last part of their maramataka, it needs to be reiterated that there was a recognition too by them of what was going on behind this ostensible camouflage. They knew the guardians of the maramataka had the power to give, to withhold, to confuse and to hide. They suggested that during Huna some godly hanky-panky was being played out unseen. They tolerated with patience these hidden Huna machinations, knowing that tomorrow Mawharu will arrive with its own grandeur.

27. MAWHARU: EVERYTHING IS EXPOSED, PLENTIFUL; TAKE AT WILL

In keeping with the story of Ariroa through to Turu, here is another turn-around by the keepers of the environment. As referred to earlier, Mawharu is one of the richest nights of the maramataka. The Huna mask drops away suddenly and everything is

pō katoa o te maramataka. Taka mārika te ariā kanohi o Huna, kitea pū ana ngā mea katoa e ngōkingōki ana i ngā wāhi katoa. He kaipukahu, ko tā te tangata he kohikohi noa i tāna e hiahia ana. Pērā i te kōura. E kitea ana e ngā kairuku o te Mawharu e ngawiki noa ana tēnei kararehe i te kaupapa o te moana. Oreore kau ana te katoa ki te mahi i ngā mahi e rite ana mō te Mawharu. E ai i aua rā o tō mātau tamarikitanga, kua oma ki te moana ki te mōunu ki te tuku i ngā tāruke. Ki te whakamahi i ngā kupenga pouraka i te ahiahi pō. Ko ngā homaitanga a te Mawharu e ai i te kōura, he tino nui ake i ngā hiahia o ngā whānau. Koianei te wā mō te tohatoha haere i ngā kōura ki ngā wāhine hapū, ki taua kai. Mō te whakamara hoki.

Kua kite ā-kanohi te kaituhi o ēnei kōrero i tētahi mea whakamīharo, uaua kē ki te whakapono e pā ana ki ngā tuku tāruke i te Mawharu. I te ata o te Ōhua, kia hikina ake ngā tāruke o te Mawharu ki roto i te poti, kikī ana a roto, a waho i te kōura. E noho ana ētahi i runga i waho kē, e nanapi ana ētahi atu i ngā taha i waho anō hoki. Kāre noa ngā kararehe nei e āro ake, e whakataka rānei, ahakoa kai te hikina ake te tāruke ki roto i te poti. Ka katakata pakupaku noa ngā pakeke ki a rātau, i runga i te mōhio ki te Mawharu. Ka kōrero, 'Ehara! Koiana rā ngā tikanga a ngā kaitiaki o te maramataka o tēnei wā. Ka purihia ā rātau koha i ētahi wā, ka hunaia i ētahi atu, ka whakaporahurahutia rānei, ā, ka waipuketia mai i te Mawharu e rau atu ngahurutanga'. Mōhio rātau ko te wāhi ki a rātau he whakamārama tika i ngā tohu

exposed and there for the taking. Crayfish, especially, literally walk the ocean floor during this night. There was always a frenzy of activity in those days of our childhood. Ready crayfish pots were baited and put out. *Pouraka* (ground nets) were also baited and used in the evenings. Mawharu provided, especially with crayfish, more than anyone could take. This was the time for the generous spirit of the people to grow and be expressed. To be able to give to the elders, to those who are unable to go to sea, to pander to the fleeting and momentary tastes of those who are pregnant, and to put into pools of running creek water to ferment.

It has been the unbelievable Mawharu experience of the author on the morning of Ōhua to pull the tāruke up to and into the boat, absolutely full to the top, with crayfish literally clinging to the outside of and sitting on top of the trap, oblivious to the fact that it was being rolled into the boat. The elders chuckle knowingly and say, 'that is the way of the keepers of the maramataka at this time. They withhold, they confuse, and they give generously.' Elders knew their role was to read the signs correctly and maximise the opportunities given.

kia haere ai ngā whānau ki te whakakī i ngā pātaka kai a te katoa. E ai i ērā wā.

Ko te tino pōuri kē ināianei, kua ngaro ērā wā o te kaipukahu i te kaha nui o ngā tāruke maitai e karapoti ana i ngā whenua kōura o te takutai o Te Whānau-ā-Apanui. Ināianei, kua āhua torutoru noa te kōura. Kai te tīkaro noa mai ināianei i ngā maramara toenga hai hoko ki Tiapani, Kōrea, Haina me ērā o ngā whenua o te ao. Torutoru noa nei ngā rua kōura kai te toe hai wero atu i tētahi tāruke kāinga nei, kia whiwhi kōura ai te whānau.

Kua ngaro, kua kore e kitea ngā wā o te tino makuru, o te pukahu o te kai pēnei i te kōura, i kitea rā i ngā wā ono tekau, whitu tekau tau i mua. Ko te ngākau pono e tuku kōura rā mā tēnā, mā tēnā, mā te katoa, kua matangarongaro haere anō hoki. Kua kimikimi kau noa taua momo ngākau me pēhea rā tana whakaatu i a ia i ēnei rā. Kua ngaro kē pea tērā āhua mō ake tonu atu.

Ko te āhua ohaoha o te pō o te Mawharu ehara ko te kōura anake, ahakoa koira tōna tohu motuhake. He taumaha te tākiri a te ika, a te tuna. He ngāwari he nui te mau o ēnei katoa i te Mawharu. He ngāwari hoki te whakatipu i ngā mea katoa i tēnei wā. Kāre e roa kua tū pakari.

Sadly that era of abundance has passed with the heavy commercialisation of the resource. Many huge commercial steel traps now ring-fence traditional crayfish grounds, and numbers have been drastically reduced. Te Whānau-ā-Apanui now manages their own crayfishing industry based on local people and the quota system. They fish to satisfy the overseas demand from the Japanese, Korean and other international markets. There is still a little space around though for the family fisherman to push in a home tāruke and catch a few to share with whānau.

The days of super abundance, sixty–seventy years ago, with crayfish anyway, are not experienced anymore. The practice of dropping off some of the catch to anyone and everyone cannot be kept up today. Now one searches frantically around and through our present society to find a substitute vehicle to express this spirit of generosity, or risk it being stifled out of existence.

The Mawharu period's generosity extended beyond crayfish, although that was its singular distinguishing feature. Fish and eels bite with an unusual fervour. Catches are always good at this time. Plantings take root quickly and well.

Kia mahara, kai waenganui te Mawharu i a Huna rāua ko Ōhua e noho ana. E rua rāua, he pō tino kino. Kia tino tika tonu te whakatakoto i ngā pō kai katoa mai rā anō i te Rākaunui tae noa mai ki Mawharu kaipukahu nei. Ki te hē, ki te moata, ki te tōmuri rānei, ka tino hinapōuri, ka memeha noa ngā tūmanako o te kai hī ika, o te kai rumaki rānei. Āe mārika!

28. ŌHUA

He rā kore kōrero noa tēnei. Kāre nō te tangata e āro ki te kohikohi kai, ki te rumaki rānei. Engari he rā mō te āta noho whānau, mō te tuku i ngā mahara kia haere anō ki te tirotiro i ngā āhuatanga o ngā rua tekau mā whitu rā kua pahemo. Ki te whakaaro, me pēhea te whakarerekē i ngā wāhi o ngā mahi kāre i pai. Me pēhea hoki te whakapai ake. He wā hoki mō te noho puku, mō te hīkoi rānei i ngā ara maunga, ki te whakawātea i te ngākau i te hinengaro mō ngā whakaaturanga a ngā rā whakamutunga o te maramataka. Koianei te āhua o ēnei mea i a mātau e tipu ake ana me o mātau pakeke. Huihui mai ai ngā koroua, ngā kuia o ō mātau nei kāinga ki tō matau whare i ēnei wā, ki te wānanga i te taha i tō mātau pāpā, i tō matau māmā, ki te kōrero, ki te wānanga mō aua pō kai o te maramataka kua pahure. Kai muri i te kūwaha o te rūma moe e whakarongo ana ngā taringa mahira o te kaituhi nei.

Note that Mawharu sits in the middle of Huna and Ōhua, both unproductive days. The calibration from Rākaunui has to be exact to pinpoint this one bonanza; this super-abundant night of the maramataka. Should the placement be one day early or one day late, the eager anticipation of the Mawharu planter and fisherman will turn to empty disappointment, literally.

28. ŌHUA: TIME OF PRONOUNCEMENT

This is a nothing day. No food-gathering or planting is attempted. Rather it is a time for contemplation, for whānau coming together to discuss the last twenty-seven days of the maramataka and assess the successes, and where programmes and activities could be redefined and improved. A time of quiet, solitude and interpreting the recent happenings. This was the norm when we grew up with our elders in their mid-nineties. My own father and uncle initiated the maramataka wānanga in our home regularly.

29. ATUA WHAKAHAEHAE

Anō, he rā kore kai tēnei. Kāre te tangata e āro ki te whakatipu, ki te kohikohi kai rānei. Tērā te mōhiotanga tūturu nō ngā atua tēnei rā. Nō rātau tēnei rā ki te whakatumatuma, ki te mahi i ā rātau mahi tūātea i ō rātau kōingo i runga i te atamira. Ko tā te tangata he āta tau, he waiho atu kia mahi rātau i ā rātau mahi mutunga mō tēnei huringa o te maramataka.

Ko tā ngā pakeke whakatau, āta hīkoi i roto i te wana, i te wehi ki ngā kaitiaki o te taiao. Kia ohooho, kia tino tūpato i ngā wā katoa. Kai te hautupua te āhua o ngā atua. Ko wai ka mōhio ka huri pēhea rātau. Koianei tā rātau whakatūpato:

Kia mau ki te ngārahu Ki te tūpato ka pai noa iho Kāre e whara.

30. TURU

Arā, he pai te kōrero nui o tēnei rā ki a Te Whānau-ā-Apanui. Pērā anō i roto i ngā tuhituhinga a ērā o ngā iwi kua kitea. He rā pai mō ngā mea katoa, mō te moana, mō te whenua, mō ngā awa. Kua hoki mai anō te ora ki ngā tahataha katoa o Papatūānuku. Kua wātea atu ngā mahi tumatuma, tūātea a ngā kaitiaki o te maramataka mā i Ariroa ki te Atua whakahaehae. E tau ana te

29. ATUA WHAKAHAEHAE: THE GODS ARE IN A FEARSOME MOOD

Again a non-productive day. Nothing is attempted on the food-production and food-gathering fronts. In fact there is an inalienable knowing that this is the day of the gods. This is their day to strut and show off. People traditionally remained quiet and let them have their curtain call.

The advice of the elders was to walk in awe of nature and its custodians, in total respect and with great vigilance. The gods are in a fearsome and unpredictable mood, they warned:

Show prudence and caution and no harm will come.

30. TURU: CALM AND BEAUTY APPROACHES

A 'good day', as is often said and written in most lunar descriptions. In Te Whānau-ā-Apanui tradition, Turu is a good day in every sense. It is a productive day for the sea, for the rivers, for the land. Life is on the move again. The machinations and manipulations of the sentinels of the lunar month from Ariroa through to Atua Whakahaehae have finished. Calm and serenity prevails

rangimārie, te marino, puta noa i tēnei rā. Rongohia tonu te hotu o te mapu mai i ngā pakeke me te pai hoki o ō rātau āhua. Kua huri ō rātau mahara ki te whakawhetai ki te whakanui i ngā mea tino ātaahua i homaitia e te maramataka e huri atu nei, ā, kua tatari atu ki ngā manaakitanga o te maramataka e tukutuku mai ana.

Koianei te Turu – te rā hai whakaohooho i ngā puna waihanga o roto i te ngākau o tēnā, o tēnā. Koianei te Turu – te rā hai tūtohu, hei whakaaroaro ā-roto i ngā whakaaturanga i ngā āria āhuareka o te maramataka kua huri. Koianei te Turu – hai whakaari i ngā moemoeā mō āpōpō. Mā ngā mea tohunga ki te moemoeā e whakamāori, e whakahāngai, e kōkiri ki te maramataka hou kai te whakatakataka.

Āpōpō ka tae mai te Rākaunui me ana manaakitanga mō ngā rā o te maramataka hou ka arahina mai e ia.

all day. There is an audible sigh of relief and of feeling good from the elders. They acknowledge and celebrate the good fortune bestowed on them by the immediate past lunar cycle and await with anticipation the blessings of the coming period. This is Turu, the day when the creative spirit of people has the opportunity to manifest itself. It is the time too to speculate and contemplate on the realities and abstractions of the closing lunar cycle. And yes: dream dreams for the dream-makers of tomorrow to visualise into the next moon cycle.

Tomorrow Rākaunui arrives again, with the promise of the next exciting thirty/thirty-one days.

TE WHAKATUTUKITANGA: CONCLUSION

Kua tutuki ngā rangahau, ngā whakakao mai i ngā mātauranga e mōhiotia ana mō te māramataka a Te Whānau-ā-Apanui. He hīkoi roa rā tēnei; mai i te wā, nuku atu i te whitu tekau tau ki mua, i noho ai te tamaiti pakupaku nei, ki te mātakitaki ki te uiui noa, ki te whakarongo, ki te titiro, ki te whāwhā atu i ēnei o ngā maunga-ringa a ōna pakeke. E kore ēnei mea o aua wā e warewaretia.

Kua kohia ngā tikanga, ngā mātauranga me ngā maharatanga e hāngai ana ki te kaupapa nei hai tirotiro, hai whakaaroaro mā ngā uri whakatipu. Kua tuhia hoki ki konei hai kōrerorero, hai whakariterite, hai whakawhiti mā rātau, ā, tēnā pea, hai tāpiri ki ngā mātauranga o ētahi atu a te wā.

Nō te mea he mātauranga ā-iwi tēnei, ka whakatakotoria ake ki konei kia tarea ai e ngā whakatipuranga o te iwi te nanao atu, te kōrerorero ā-tahi, te whakahāngai ki tō rātau ao a te wā. Kia tarea ai hoki e rātau te tohatoha ki ētahi i waho atu i te rohe o te iwi. I runga i tēnei ka ara ake ētahi huihuinga tāngata ātaahua. Ka haria

The project of researching, accumulating and remembering the known knowledge of the maramataka of Te Whānau-ā-Apanui is now adjourned. It has been a long journey for the author, who, more than seventy years ago, as an inquisitive and watchful small boy, first started listening to, observing and sharing activities with his elders.

The facts, the knowledge and the clear memories about the subject have been gathered and written down for reflection and observation, for sharing, discussion, comparison and perhaps for addition to the knowledge of others.

Because it is one tribe's knowledge, it is presented here so that future tribal generations may access it, discuss it, re-define it, share it amongst themselves first – and then with others beyond the tribal area. The opportunity to share such knowledge outside the place of origin raises many interesting human scenarios.

e ngā whakatipuranga o Te Whānau-ā-Apanui ēnei whakaaturanga o ō rātau ake kōrero tuku iho hai kōrero mā rātau ki ngā tohunga o ētahi atu iwi. Ka tukuna e rātau i runga i te ngākau koa nō te mea motuhake nō rātau ēnei mātauranga, i tīmata mai nō ō rātau kāinga. Ko tō rātau rangatiratanga tēnei. Me te tūmanako anō hoki kia tīmata te whakawhitiwhiti o ngā mātauranga o tēnā iwi, o tēnā iwi ki ngā rohe o ētahi atu iwi. Pēnei i tēnei i rangahautia mai i Te Whānau-ā-Apanui. Tēnā pea, ka puta hai whakamahi mā ētahi atu iwi. Tēnā pea, ka tīmata te maringi mai o ngā mātauranga o ngā iwi katoa, hai whakatiputipu he wairua hou i roto i ngā iwi Māori i kōkiri ake i roto i te ātaahua o ngā kōrero, o ngā maunga-ringa o te ao tawhito.

Ki te mau pūmau tonu te tuhi a ngā kairangahau ā-iwi i ā rātau pūrākau, i te pūtake mai o ō rātau mātauranga, i tā rātau kite i tō rātau nei ao, ka puta i konei ētahi puna kōrero rangatira mō ngā mahere mahi i roto i ngā kura. Ētahi mahere mahi hai whakatairanga, hai kōkiri hoki i tā te tangata whenua kite ki roto i ngā kawenga mātauranga o Aotearoa.

Anō hoki, ki te mau tonu i te rangahau i ngā take Māori nei, i ngā kōrero tawhito nei, i ngā tikanga o neherā, ka tae atu tātau ki ngā nōhanga wānanga o te ao. Ka tūpono atu tātau ki te hōriri a ngā iwi taketake o te ao kia whakaatungia, kia whakamanatia ō rātau nei mātauranga he taonga nō te ao. Ngā iwi

Future Te Whānau-ā-Apanui will perhaps take this testimony of their own history and share it with other tribal students. They will do so with pride because it is unique to them and originated from their place. It is part of their distinctiveness. Hopefully this will encourage the crossing of knowledge over tribal boundaries, so that information may eventually have pan-tribal application. This process will conceivably encourage an inter-tribal flow of scholarship and the creation of a new awareness among Māori of ancient and traditional tribal experiences.

As tribal research students continue to record their stories, their own foundations of knowledge and their perceptions of the world around them, they will be providing a unique and rich source of material for the learning programmes of our schools: programmes which will heighten and advance a New Zealand indigenous point of view into the mainstream educational systems of this country.

Continued research into Māori issues, traditions and institutions will inevitably lead to the international forum, where a struggle ensues for the recognition and validation of indigenous knowledge. The First Nation peoples of Canada and the United States of America, the Inuit of

taketake o Kānata, o Amerika, o Alaska, o Hawai'i, o Norway, ngā iwi moemoeā o Ahitereiria. Rātau katoa, me ētahi atu, kai te pakanga, kai te whawhai kia whakahokia mai, kia whakaorangia ō rātau nei. Me tino tautoko rā e tātau, me whakakotahi tātau te tangata whenua o Aotearoa i tēnei hōriri kia whakatairangatia, kia whakanuia te tino rangatiratanga o ngā iwi taketake o te ao.

Kia hoki anō ki Te Maramataka a Te Whānau-ā-Apanui. Ko te mea tino nui i konei, ko te mōhio ko tētahi noa te maramataka nei, o ngā taonga i motuhake ai Te Whānau-ā Apanui, he iwi. He aha atu anō ngā kaupapa hai rangahau hai whakapūmau kia mau ai mō ake tonu te āhua me te tino rangatiratanga o te iwi. He wero tēnei ki ngā ākonga, ki ngā kairangahau o Te Whānau-ā-Apanui kai te haere mai tonu. Me āta nohopuku, me āta whakaaro hōhonu e rātau he aha ētahi atu kaupapa kai te tatari, kia kimihia, kia rangahaua. Tēnā pea, ka ara ake ētahi o ēnei:

• Ngā rongoā mai o ngā ngahere o Te Whānau-ā-Apanui.
• Ngā pūrākau me ngā pakiwaitara o te iwi.
• Ngā taonga o te takutai moana me ngā kōrero me ngā ingoa e whakamārama ana i te tūhonotanga o ēnei mea katoa.
• Ngā pīhuka a ngā tīpuna i mua atu i ngā pīhuka maitai.
• Ngā kōrero katoa o te mahi kūmara, i mua atu i te taenga mai o te Pākehā, i muri mai, me nāianei.

Alaska, the Hawaiians, the Saami people of Norway, the Dreamtime people of Australia are all involved in reclamation and revitalisation projects concerning their cultures. We, as indigenous people of New Zealand, must continue to contribute to and be part of this global resurgence in indigeneity.

To return to the lunar month of Te Whānau-ā-Apanui: the key issue must be that this subject is but one aspect that makes the tribe unique. What else do we need to research and record to ensure that the character and distinctiveness of the tribe will endure: what other Te Whānau-ā-Apanui knowledge bases remain to be explored? This is the challenge to the Te Whānau-ā-Apanui students and researchers of the future. They are the ones who need to contemplate and consider future tribal areas for research: a programme which may possibly include some of the following subjects:

• the special medicines of the Te Whānau-ā-Apanui forests
• the folk-tales and folk-lore of the tribe
• the marine capital of the area and the special stories and names which give historical connection and identification
• the manufacture of fish-hooks prior to steel and iron hooks
• a full and detailed account of the kūmara-growing industry pre-Pākehā, post-Pākehā and now

- He mātauranga hou anō rānei hai tāpiri atu ki ērā e mōhiotia ana mō te moki nāianei.
- Ngā kōrero tuku iho mō te whaiwhai wērā.
- Ngā kaitito me ngā waiata o Te Whānau-ā-Apanui.
- Ngā mahi whakatipu rakau paina i roto i Te Whānau-ā-Apanui.
- Ngā kura Pākehā o Te Whānau-ā-Apanui.

Me ētahi atu kaupapa pea, mai i ngā hitōria i ngā mahi rānei a te iwi e pā ana ki tētahi tangata, ki tētahi whānau rānei.

Tēnā pea he tīmatanga tēnei tuhinga mō ētahi atu rangahau ā iwi puta noa i te ao Māori.

Mā ngā tau kai mua e whakatakoto ēnei anō whakaaturanga.

Haumi e!
Hui e!
Taiki e!

- new knowledge to add to the known knowledge of the blue moki
- the history of the whaling industry in the area
- the music and composers of Te Whānau-ā-Apanui
- the forestry industry of Te Whānau-ā-Apanui
- the education history of Te Whānau-ā-Apanui.

To all of these ideas could be added other areas of tribal history and endeavour, perhaps guided by personal or family interests.

This thesis may be a beginning to other tribal research projects of the future.

The future will deliver its own messages.

It is joined!
It is together!
It is complete!